中経の文庫

三菱東京UFJ・三井住友・みずほ
三大銀行がよくわかる本

津田倫男　監修

KADOKAWA

三大銀行のココに注目！

メガバンクと呼ぶからには、三大銀行が飛び抜けてすごいと想像はつく。だが、何がすごいかはピンとこないのではないだろうか。

そこで本書では、3つの視点（パート）に分けて、三大銀行をひも解いていく。

1 国内外での影響力に迫る！

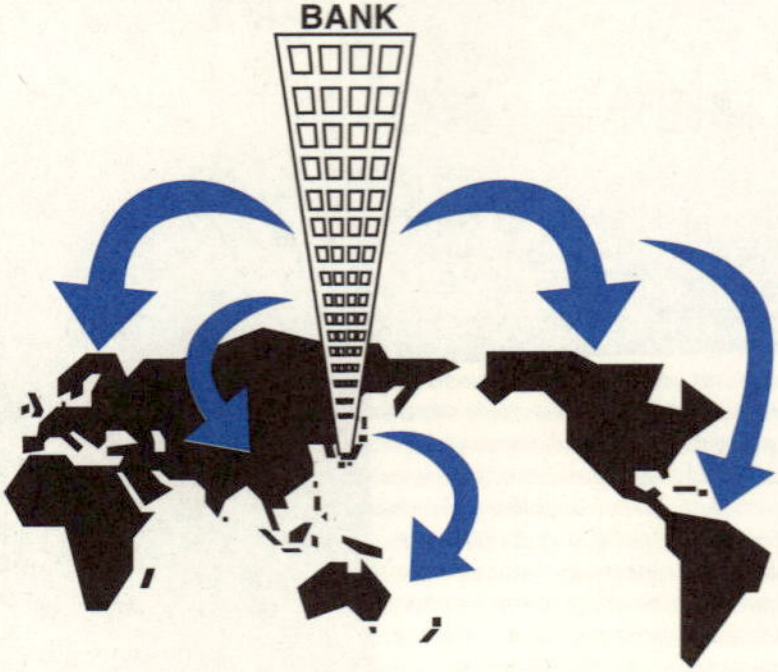

日本を代表する数々の大企業と強固なつながりをもつ。そして、日本に留まらず、世界市場への進出を加速化させている。

→ 12ページへ

2 成立するまでの軌跡をたどる!

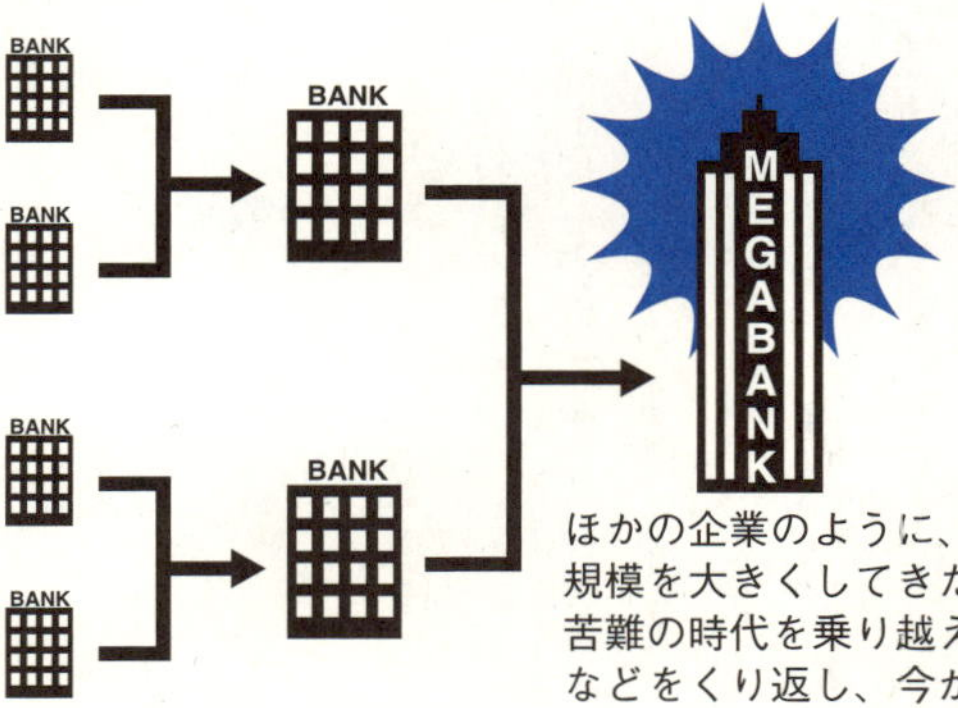

ほかの企業のように、単独で会社の規模を大きくしてきたわけではない。苦難の時代を乗り越えるため、合併などをくり返し、今がある。

→ 88ページへ

3 比べて違いを明らかにする!

同業種であり、さらに同じ都市銀行だと違いがわかりにくい。そこで、三行を比べてみると、それぞれの個性が見えてくる。

→ 144ページへ

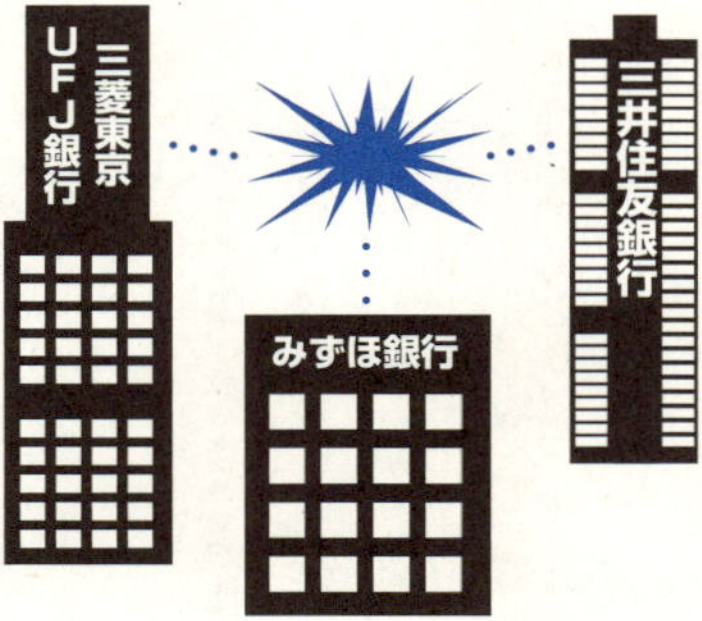

はじめに

東京・横浜・大阪・名古屋・福岡・札幌など大都市の駅を降りるとすぐに、赤色か緑色か青色の看板をよく見かけないだろうか。また、どこか目的地へ向かうための目印にした経験は誰にでもあるのではないだろうか。それくらい、大都市を歩くと、「三菱東京UFJ銀行」「三井住友銀行」「みずほ銀行」の店舗によく出くわす。何より、三行の口座をもつ方も多いはずだ。

この三行が今、銀行受難の時代の先頭を走っている。

原因は、100年以上維持してきた「間接金融モデル」（預金を広く集め、それを企業や個人に貸す仕組み）が大きく崩れようとしているからだ。従来の上得意であった大企業は40年も前から自力で資金調達ができるようになっており、銀行を必要としなくなっているからだ。

預金者（富裕個人や企業も含む）もマイナス金利、ゼロ金利のあおりで、余った資金を銀行に預けなくなっているなど、近年、銀行にとっての日本市場の魅力は薄れつつあるといってよいだろう。

だからこそ、『メガバンクがなくなる日』から始まり、『銀行のウラ側』を経て『地方銀行消滅』までいくつかの著作で予想したように〝国際化の加速〟が進み、三行が海外、とくにアジアでプレゼンスを活発化させるなど、気を吐いていると言ってよいだろう。

そんなメガバンクに惹かれて、入社を目指している学生諸君も多いと思われる。ただ、就職先としてエントリーしてみたものの、一般の事業会社とどこがどう違うのか、または三行ごとにどのような特徴があるのか、先輩たちの話を聞いてみてもよくわからない、というのが実情ではないだろうか。その答えも本書では見つけられるかもしれない。

三行が成立するまでの再編の歴史とともに、三行の現状と未来を改めて見つめ直すことで、幅広い世代の読者にも見えてくるものがあるはずだ。硬軟取り混ぜた多様な視点から三行を知ってもらいたい。

フレイムワーク・マネジメント代表
津田《つだ》倫男《みちお》

三菱東京ＵＦＪ・三井住友・みずほ　三大銀行がよくわかる本　目次

パート１　こんなにすごい！　三大銀行の影響力

パート2 吸収・合併！ 熾烈な再編史

パート3 徹底比較！ 三大銀行

〈制作スタッフ〉
編集・構成／造事務所
文／倉田楽、西村まさゆき、奈落一騎
デザイン／中村正和
図版／原田弘和
ＤＴＰ／伏田光宏

本書は書き下ろしです。

パート1

こんなにすごい！
三大銀行の影響力

部門制の組織と国内外のネットワークに強み

成長戦略を担う３つの事業本部と国内外に広がるネットワークに注目。

三菱東京ＵＦＪ銀行（以下ＭＵ）を含む三菱東京ＵＦＪフィナンシャルグループ（以下ＭＵＦＧ）は、２０１４年３月の決算で純利益１兆３３７億円を達成し、国内の金融機関で初めて純利益1兆円を突破した。２０１５年度の純利益は９５１４億円と減ったものの、トヨタ自動車に次ぐ数字だった。

預金残高は連結で１６１兆６２５０億円（２０１６年９月時点）。このうち個人の預金残高は約70兆７０００億円（２０１５年９月末時点）。国内の口座保有数は法人約40万社、個人約４０００万口座。これは日本人の約3人に1人が口座を保有している計算になる。この金融グループの中核であるＭＵは、いったいどのような組織を築いているのか？

ＭＵは部門制を採用しており、リテール部門、法人部門、国際部門、市場部門、コーポレートサービス、コーポレートセンターの6部門から成る。このうちリテール部門、法人部門、国際部門が、同行の成長戦略の〝三本の矢〟を担っている。

リテール部門は、個人顧客層への営業部門を指す。預貯金や住宅ローンの扱いだけでなく、投資信託など金融商品の販売で個人の資産運用にもかかわる。

法人部門は、企業向けの投資や預金・貸出業務、決済業務を扱う。法人40万社との取引は大きなアドバンテージだ。決済に欠かせない振込手数料だけでも40万件、また、日系企業の合併や買収などM&A案件では、巨額な資金が動く。融資を通じて支援するのが法人部門の主な仕事だ。

国際部門は、海外での金融サービスを担う。海外でのビジネスチャンスを拡大しようとしている顧客企業に応じて成長してきた。MUが近年、高い純利益を叩き出している要因のひとつに、国際事業の好調さが挙げられる。

2013年には、タイのアユタヤ銀行を子会社化。その2年後、MUバンコック支店と統合してメコン経済圏の中核拠点とし、アジアを代表する金融グループへと名乗りをあげた。また、2014年には同行の米州事業とMUFGユニオンバンク（本店：サンフランシスコ）の業務を統合し、アメリカでの収益拡大を図っている。

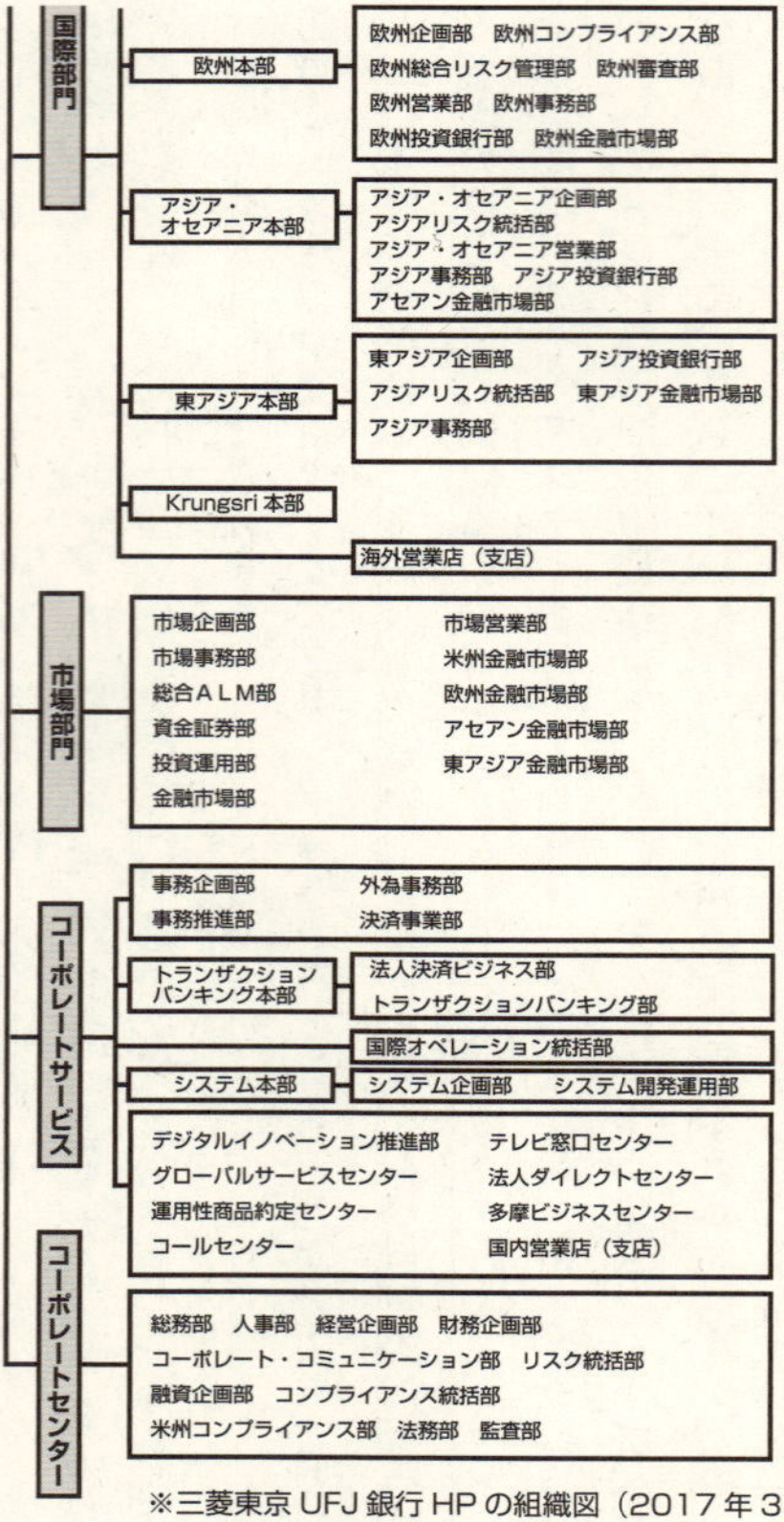
国際部門
欧州本部
欧州企画部　欧州コンプライアンス部
欧州総合リスク管理部　欧州審査部
欧州営業部　欧州事務部
欧州投資銀行部　欧州金融市場部
アジア・
オセアニア本部
アジア・オセアニア企画部
アジアリスク統括部
アジア・オセアニア営業部
アジア事務部　アジア投資銀行部
アセアン金融市場部
東アジア本部
東アジア企画部　アジア投資銀行部
アジアリスク統括部　東アジア金融市場部
アジア事務部
Krungsri 本部
海外営業店（支店）
市場部門
市場企画部
市場事務部
総合ＡＬＭ部
資金証券部
投資運用部
金融市場部
市場営業部
米州金融市場部
欧州金融市場部
アセアン金融市場部
東アジア金融市場部
コーポレートサービス
事務企画部　外為事務部
事務推進部　決済事業部
トランザクション
バンキング本部
法人決済ビジネス部
トランザクションバンキング部
国際オペレーション統括部
システム本部
システム企画部　システム開発運用部
デジタルイノベーション推進部　テレビ窓口センター
グローバルサービスセンター　法人ダイレクトセンター
運用性商品約定センター　多摩ビジネスセンター
コールセンター　国内営業店（支店）
コーポレートセンター
総務部　人事部　経営企画部　財務企画部
コーポレート・コミュニケーション部　リスク統括部
融資企画部　コンプライアンス統括部
米州コンプライアンス部　法務部　監査部

※三菱東京 UFJ 銀行 HP の組織図（2017 年 3 月 1 日時点）を元に作成。

MUの組織図

各部などの下には、さらに下部の部署が存在する。

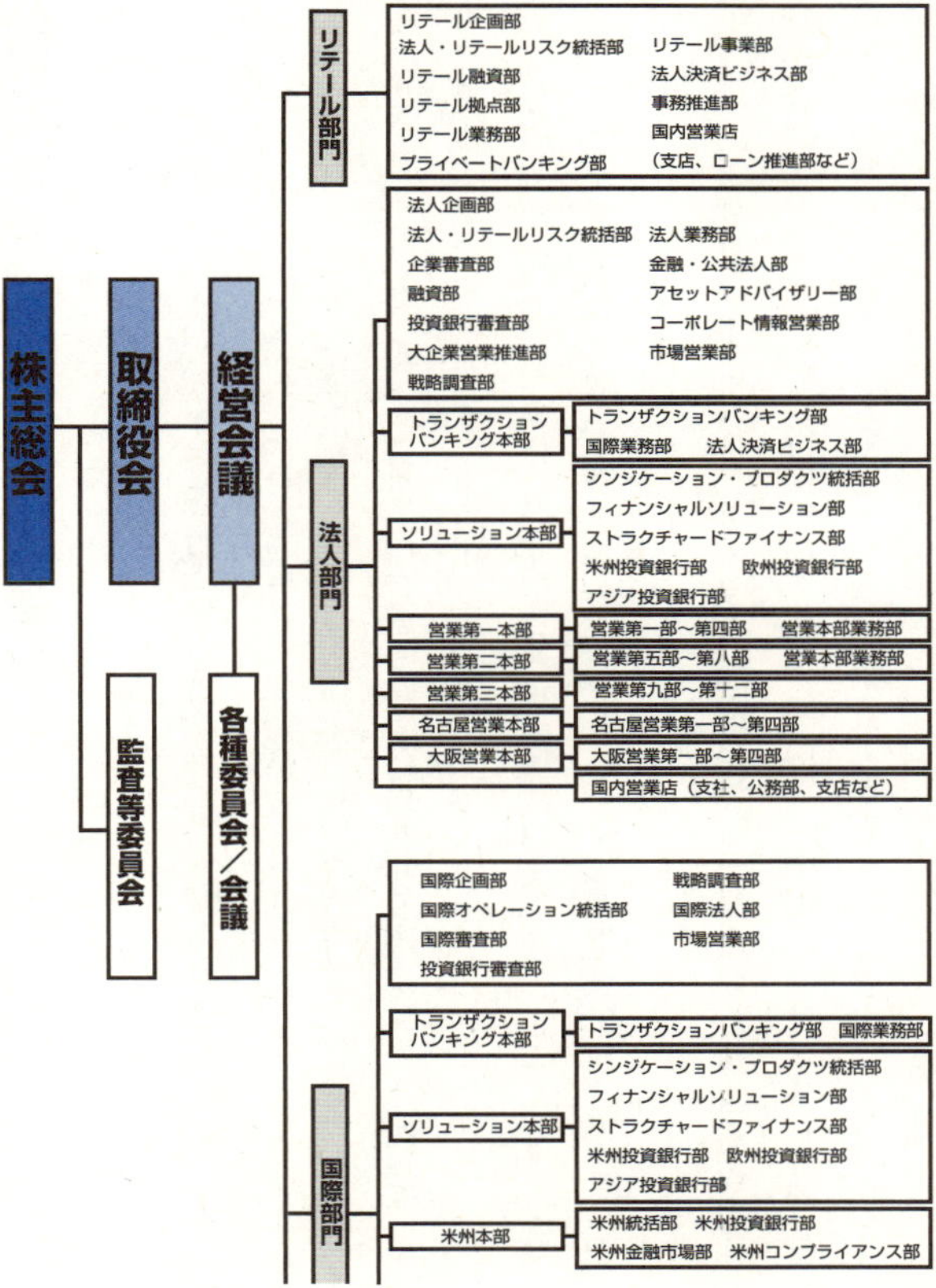
株主総会
取締役会
経営会議
監査等委員会
各種委員会／会議
リテール部門
リテール企画部
法人・リテールリスク統括部
リテール融資部
リテール拠点部
リテール業務部
プライベートバンキング部
リテール事業部
法人決済ビジネス部
事務推進部
国内営業店
（支店、ローン推進部など）
法人部門
法人企画部
法人・リテールリスク統括部
企業審査部
融資部
投資銀行審査部
大企業営業推進部
戦略調査部
法人業務部
金融・公共法人部
アセットアドバイザリー部
コーポレート情報営業部
市場営業部
トランザクションバンキング本部
トランザクションバンキング部
国際業務部
法人決済ビジネス部
ソリューション本部
シンジケーション・プロダクツ統括部
フィナンシャルソリューション部
ストラクチャードファイナンス部
米州投資銀行部
欧州投資銀行部
アジア投資銀行部
営業第一本部
営業第一部～第四部
営業本部業務部
営業第二本部
営業第五部～第八部
営業本部業務部
営業第三本部
営業第九部～第十二部
名古屋営業本部
名古屋営業第一部～第四部
大阪営業本部
大阪営業第一部～第四部
国内営業店（支社、公務部、支店など）
国際部門
国際企画部
国際オペレーション統括部
国際審査部
投資銀行審査部
戦略調査部
国際法人部
市場営業部
トランザクションバンキング本部
トランザクションバンキング部
国際業務部
ソリューション本部
シンジケーション・プロダクツ統括部
フィナンシャルソリューション部
ストラクチャードファイナンス部
米州投資銀行部
欧州投資銀行部
アジア投資銀行部
米州本部
米州統括部
米州投資銀行部
米州金融市場部
米州コンプライアンス部

前身銀行から受け継いだ顧客基盤

ＭＵの行員数は３万５２１４人（２０１５年３月末時点）。三井住友銀行（以下ＳＭ）の２万９４９５人、みずほ銀行（以下みずほ）の２万９４５２人（ともに２０１６年９月末時点）を大きくリードし、日本最大の行員数を誇っている。

ＭＵの国内のリテール（支店等）は７５５店舗、法人拠点（支社等）は２８１（２０１６年３月末時点）だ。海外には日本を除く世界48カ国に支店、出張所など約１２００拠点のグローバルネットワークがある。

ＭＵが邦銀トップの利益をあげている源泉は、国内最大のネットワークにある。それを築くことができたのは、前身の銀行がもともと特定の地域にしっかりとした基盤を持っていたからだ。

首都圏では、１９９６年に三菱グループの都市銀行・三菱銀行と外国為替銀行の東京銀行が合併し、東京三菱銀行が誕生した。関西圏・中部圏では、２００２年に都市銀行の三和銀行（本店：大阪市）と東海銀行（本店：名古屋市）が合併してＵＦＪ銀行が誕生した。

MUの地域別の国内本支店

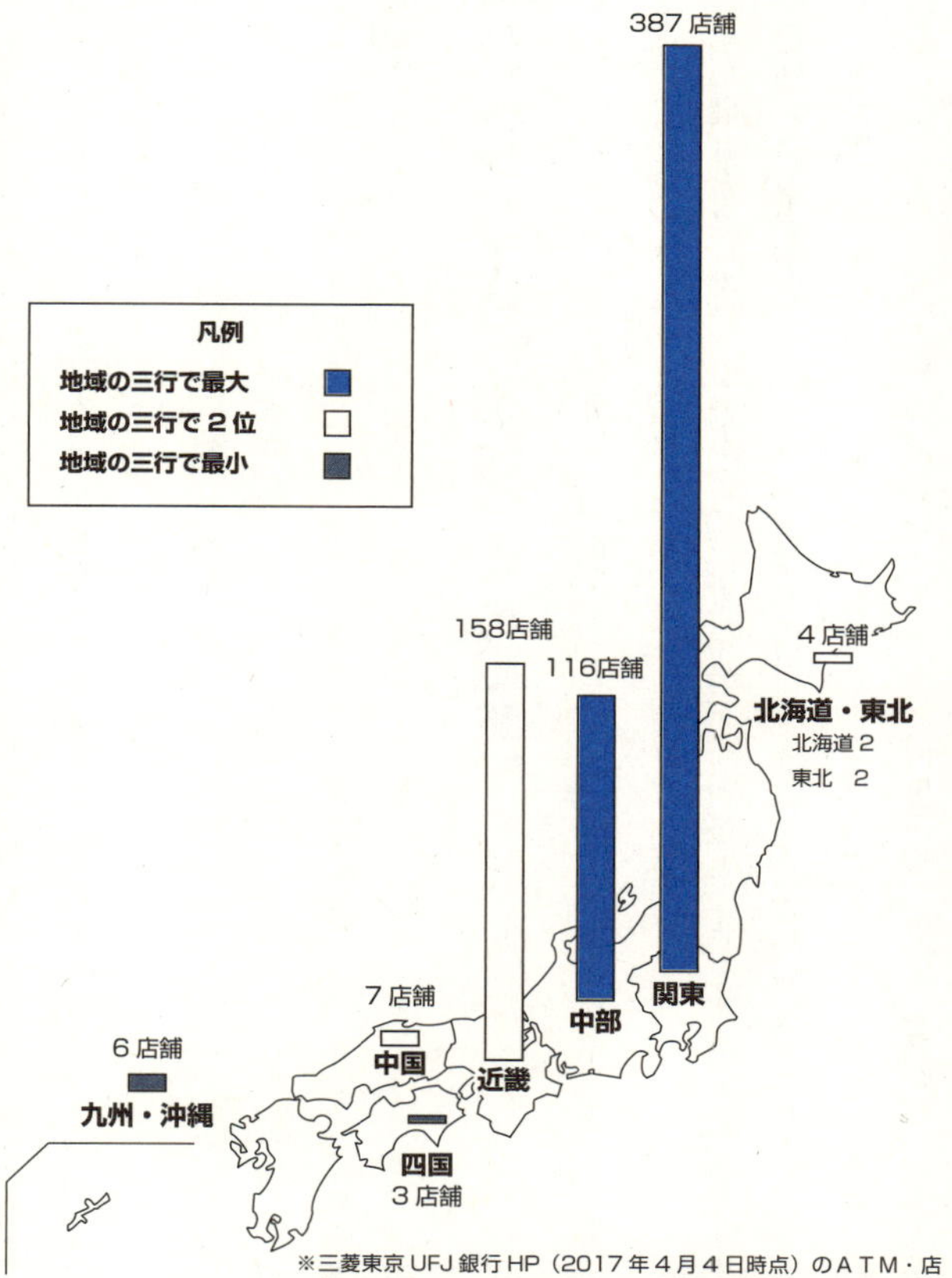

※三菱東京UFJ銀行HP（2017年4月4日時点）のATM・店舗のご案内より、支店・集中店・公務部・営業部のみを元に作成。

その東京三菱銀行が2006年、UFJ銀行を吸収合併して誕生したのがMUだ。

こうして、首都圏（三菱銀行）、関西圏（三和銀行）、中部圏（東海銀行）のすべての顧客基盤をMUが引き継ぎ、国内最大のネットワークが完成したというわけなのだ。

地域別に見れば、支店などが最も多いのは東日本（564）、次いで西日本（278）、中部（194）の順になる。この分布からMUの国内ネットワークは「東高西低」といえる。

「アジアナンバーワン銀行」への戦略

MUは国内のみならず、全世界に、拠点（支店、出張所、駐在員事務所、現地法人）を設け、金融サービスを展開している。

このうち最も充実しているのが、60拠点を擁するアジア・オセアニア地域だ。これは同行の「アジアナンバーワン銀行」を目指す戦略どおりの結果だ。タイでは、先に紹介したアユタヤ銀行買収と、MUバンコック支店とアユタヤ銀行の統合で存在感を増している。経済成長の著しいインドは5拠点体制、世界第2位の経済大国

MUの海外拠点

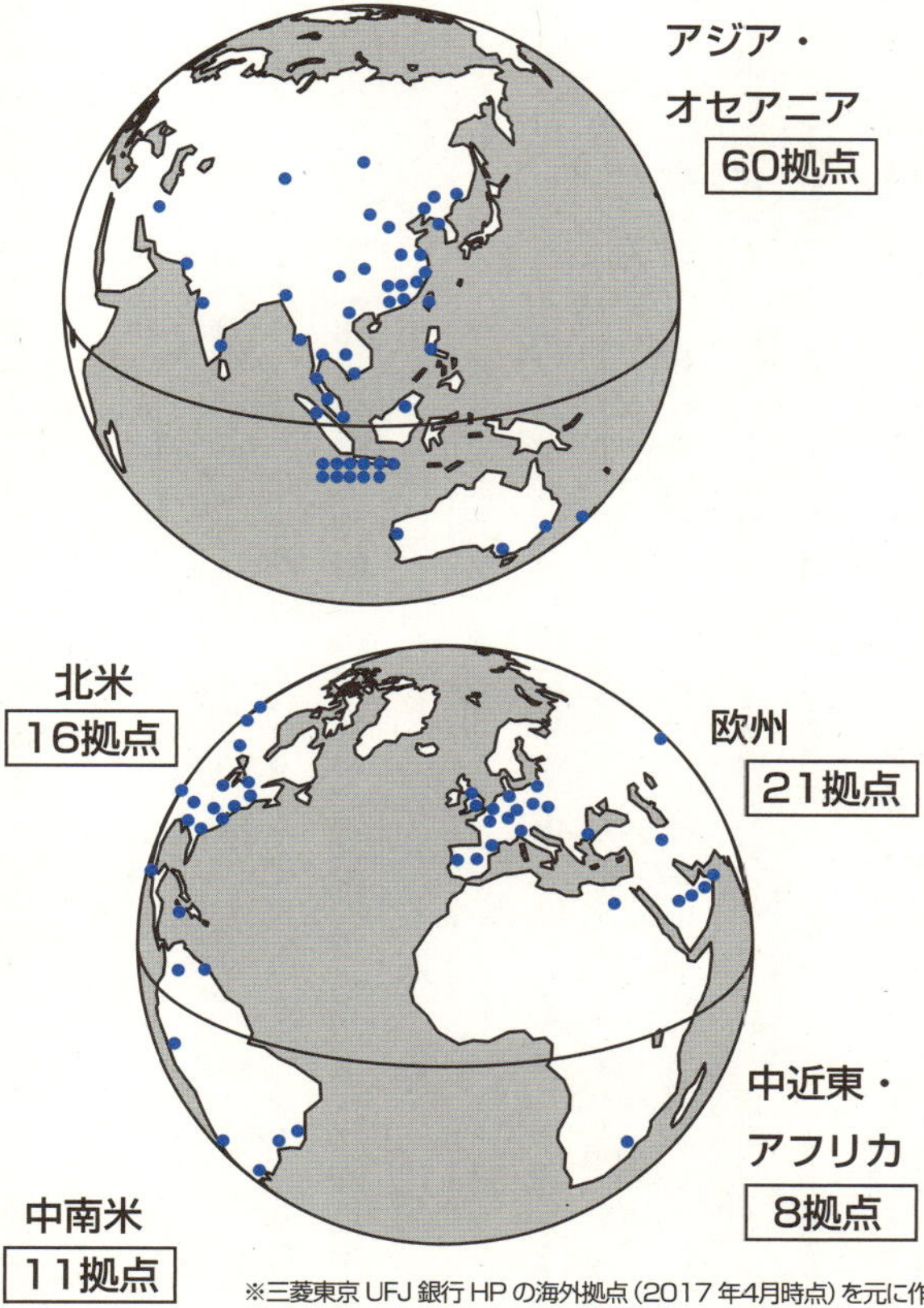

※三菱東京UFJ銀行HPの海外拠点（2017年4月時点）を元に作成。

の中国は20拠点体制だ。2015年には外国銀行として戦後初、ヤンゴン支店（ミャンマー）を開設した。

北米地域では、アメリカの金融持株会社「MUFG米国ホールディングス」が現地法人、米国支店、中南米、カナダの支店を統括している。拠点数は27。これに加えてユニオンバンクがカリフォルニア州を中心に371拠点（ともに2016年3月末時点）を展開している。中南米地域では11拠点を展開。中南米最大の市場であるブラジルでは、金融グループ「ブラデスコ銀行」と業務提携関係を結んでいる。

欧州・中近東・アフリカ地域では29拠点を展開。イギリスをはじめ、ドイツ、フランス、スペイン、イタリアなどの西欧地域に加え、中東欧・ロシア・中近東などでもネットワークを拡充している。ロシアでは、サンクトペテルブルグ駐在員事務所を出張所化。中近東・アフリカ地域では、ヨハネスブルグ駐在員事務所（南アフリカ）を出張所化。トルコではトルコBTMUを設立し営業を開始した。

海外拠点では、資源開発事業など大型のプロジェクトファイナンス（特定事業への資金調達から利益を得る手法）が盛んだ。人口減少が進む国内より、発展の可能性の高い海外でビジネスを展開するのは当然の戦略といえよう。

三井住友銀行 ①

大型事業の資金調達など専門化・精鋭化された部門

グループ会社の力を結集した投資事業とアジアを軸とする国際ビジネスに活路。

三井住友銀行（以下SM）は、総資産153兆6414億3000万円、預金高98兆8397億2200万円、貸出金高69兆2767億3500万円（いずれも2016年3月期）を誇るメガバンクだ。この規模になると組織は巨大で複雑になる。

SMでは、MUと同じく部門制を採用している。リテール部門、ホールセール部門、国際部門、市場営業部門、投資銀行部門、コーポレートサービス部門、コンプライアンス部門、コーポレートスタッフ部門、リスク管理部門の計9部門ある。MUと比べ、より専門化・精鋭化されているのが特徴だ。

リテール部門は、他行と同じで個人や中小企業を対象とした部門だ。一方、聞きなれないホールセール部門とは、機関投資家や企業を対象にした大口の金融業務を担う部門。海外進出を検討している企業に対する金融面での支援、優良企業の新規株式公開やM&Aなどの多様なニーズに応える。

国際部門は、同行の国際戦略の企画立案を担い、海外ビジネスをリードしている部門だ。のちほどくわしく説明するグローバルネットワークを活用して、海外で事業を展開している企業や、海外から日本に進出している企業の経営に金融サービスを提供する。海外では、日系企業だけでなく、非日系企業とのビジネスも拡大しているという。人口減少が続く日本国内より、飛躍的な拡大が期待できる部門だ。

市場営業部門が手掛けているのは、次の3つの業務だ。個人の為替や金融商品の取引をサポートするカスタマー業務、銀行全体のリスクマネジメントを行なうバンキング業務、為替や債券などの売買を行なうトレーディング業務。この部門で働くには、市場の動向を洞察する専門性の高い能力が必要である。

投資銀行部門は、SMの得意分野というべき資金調達・運用や大型投資に特化した部門だ。「金融商品に関する高度な専門性を有するプロフェッショナル集団」が、大型事業の資金調達や不動産取得にかかる融資などを行なう。強みは、SMBC日興証券など、三井住友フィナンシャルグループ（SMFG）各社の力を結集して総合的な提案を試みることだ。

複数の部門を横断する複数の本部

より専門化・精鋭化された部門の設置のほかに、業務別の取り組みとして複数の部門に属する組織が設けられていることもＳＭの組織の特徴だ。

たとえば、グローバルサービス部は、リテール部門、ホールセール部門、国際部門の３部門に属する。法人戦略部と法人プロモーションオフィスは、リテール部門とホールセール部門双方に属し、不動産ファイナンス営業部はホールセール部門と投資銀行部門双方に属する。このように組織の〝縦割り〟だけでは解決できない問題を、複数の専門分野のスタッフの知識を動員して解決しようとする姿勢が垣間見える構成となっている。

このほかに注目したいのは、複数の部門を横断する形で複数の本部が設けられていることだ。

「トランザクション・ビジネス本部（ＴＢ本部）」は、国内外の法人の「決済ビジネス」を強化するため、リテール、ホールセール、国際部門の３部門を横断する形で設けられている。グローバル決済業務部や決済業務部など８つの部で構成されて

市場営業部門

- 市場営業統括部
- 市場運用部
- 市場資金部
- 市場営業部
- 金融商品営業部
- 市場営業推進部
- アジア・大洋州トレジャリー部

ファイナンシャル・ソリューション部門

- ファイナンシャル・ソリューション統括部
- ストラクチャードファイナンス営業部
- デットファイナンス営業部
- 不動産ファイナンス営業部
- 投資営業部
- ディストリビューション営業部
- 成長産業クラスター
- 信託部
- アジア投資銀行営業部
- アジアソリューション部

コーポレートサービス部門

- 管理部
- 支店サービス部
- 事務統括部
- 営業サービス部
- 事務推進部
- 公務部
- 市場決済部
- 相続オフィス
- 事務サービス部

コンプライアンス部門

- 総務部

コーポレートスタッフ部門

- 広報部
- 人材開発部
- 経営企画部
- 品質管理部
- 財務企画部
- ITイノベーション推進部
- 関連事業部
- データマネジメント部
- システム統括部
- 人事部

リスク管理部門

- リスク統括部
- 投融資企画部

※三井住友銀行 HP の組織図（2017 年 4 月 1 日時点）を元に作成。

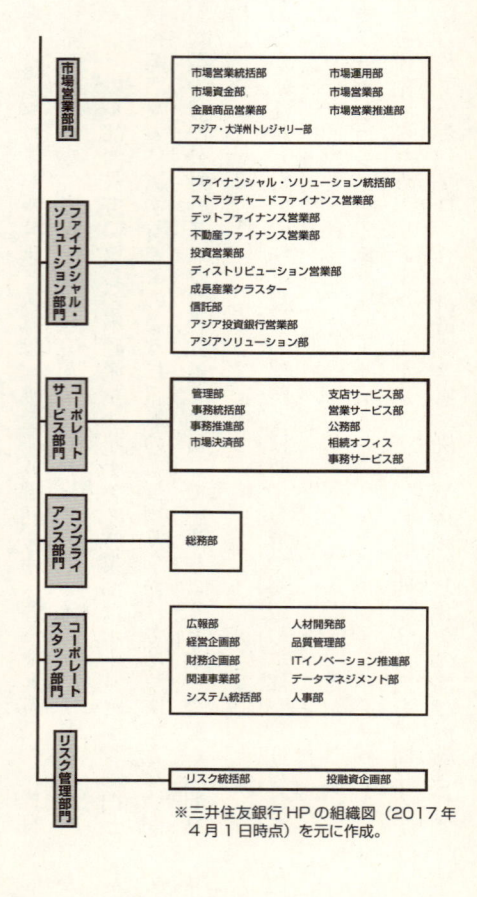

SMの組織図

各部などの下には、さらに下部の部署が存在する。

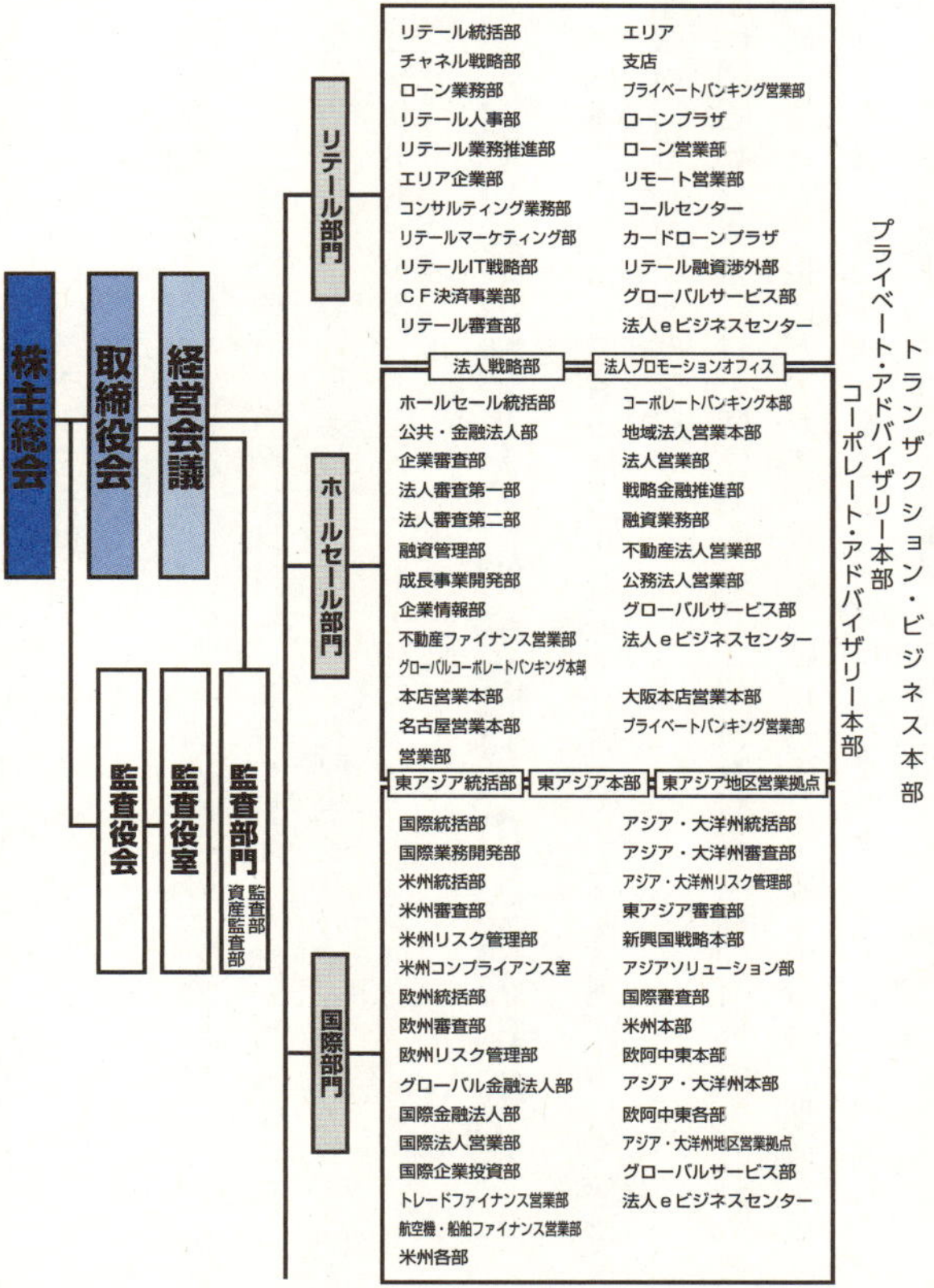
株主総会
取締役会
経営会議
監査役会
監査役室
監査部門
監査部
資産監査部
リテール部門
リテール統括部
チャネル戦略部
ローン業務部
リテール人事部
リテール業務推進部
エリア企業部
コンサルティング業務部
リテールマーケティング部
リテールIT戦略部
ＣＦ決済事業部
リテール審査部
エリア
支店
プライベートバンキング営業部
ローンプラザ
ローン営業部
リモート営業部
コールセンター
カードローンプラザ
リテール融資渉外部
グローバルサービス部
法人ｅビジネスセンター
法人戦略部
法人プロモーションオフィス
ホールセール部門
ホールセール統括部
公共・金融法人部
企業審査部
法人審査第一部
法人審査第二部
融資管理部
成長事業開発部
企業情報部
不動産ファイナンス営業部
グローバルコーポレートバンキング本部
本店営業本部
名古屋営業本部
営業部
コーポレートバンキング本部
地域法人営業本部
法人営業部
戦略金融推進部
融資業務部
不動産法人営業部
公務法人営業部
グローバルサービス部
法人ｅビジネスセンター
大阪本店営業本部
プライベートバンキング営業部
東アジア統括部
東アジア本部
東アジア地区営業拠点
国際部門
国際統括部
国際業務開発部
米州統括部
米州審査部
米州リスク管理部
米州コンプライアンス室
欧州統括部
欧州審査部
欧州リスク管理部
グローバル金融法人部
国際金融法人部
国際法人営業部
国際企業投資部
トレードファイナンス営業部
航空機・船舶ファイナンス営業部
米州各部
アジア・大洋州統括部
アジア・大洋州審査部
アジア・大洋州リスク管理部
東アジア審査部
新興国戦略本部
アジアソリューション部
国際審査部
米州本部
欧阿中東本部
アジア・大洋州本部
欧阿中東各部
アジア・大洋州地区営業拠点
グローバルサービス部
法人ｅビジネスセンター
トランザクション・ビジネス本部
プライベート・アドバイザリー本部
コーポレート・アドバイザリー本部

おり、各部の専門スタッフが連携して、付加価値の高い情報提供や、資金・財務管理をサポートするためのシステムを提供している。

「プライベート・アドバイザリー本部（PA本部）」は、リテールとホールセールの2部門を横断する形で設置されており、個人・法人両方のニーズに対応できるようになっている。企業経営者や資産家向けに、事業や資産の承継、資産運用などのサービスを提供する。企業の従業員向けには、福利厚生制度の充実や、退職金制度の改定などをサポートする。

アジアでの取り組み強化と、地場銀行への出資の積極化

SMの国内本支店数は506カ所（出張所、代理店などを除く）、海外支店は17カ所（出張所、駐在員事務所を除く）ある。

ここでは国際ビジネスに目を向けてみよう。SMもMU同様、海外でのビジネスを成長戦略の要として捉え、アジア、米州、欧州・アフリカ・中東の3地域を軸に、グループ会社や海外現地法人とも連携し、グローバルな金融サービスを展開している。このうち最も力を注いでいる地域がアジアだ。

SMの地域別の国内本支店

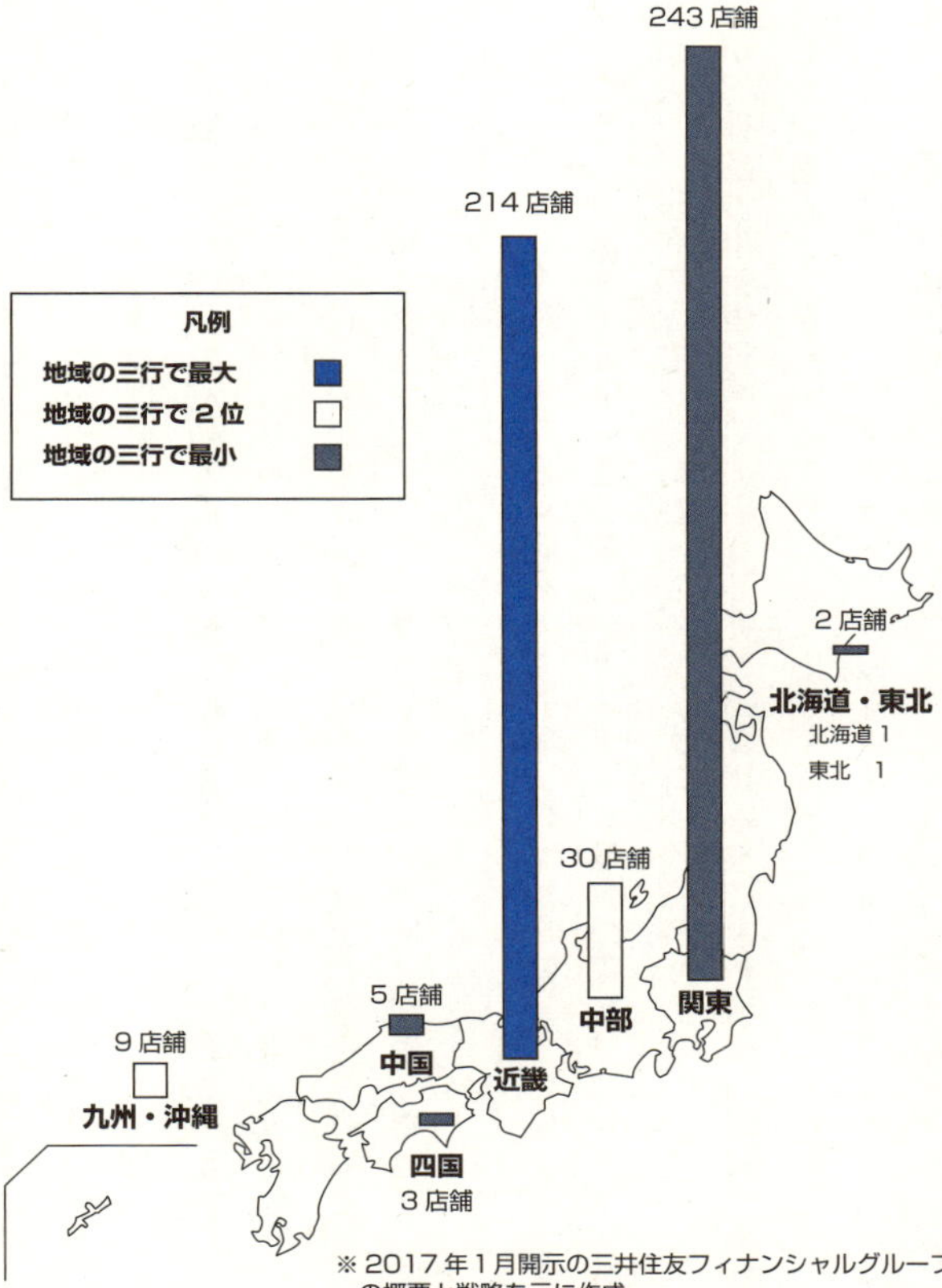

※ 2017年1月開示の三井住友フィナンシャルグループの概要と戦略を元に作成。

拠点数（本店、支店、出張所）では、世界第2位の経済大国・中国が最も多く、16カ所ある。香港、韓国、フィリピン、ベトナムなどには支店、インドネシアやマレーシアには現地法人を設けている。

アジアでの取り組み強化のための後方支援組織も充実している。2015年には、アジア・大洋州トランザクションバンキング営業部とアジアソリューション部を設置し、同地域の預金や決済、為替などの業務、問題解決・提案機能を強化した。さらに、アジア・大洋州審査部や東アジア審査室を設置し、現地に密着した迅速な審査・決裁態勢を構築するようにした。

地域にかかわらず、今後の成長が見込める新興国では、地場銀行との関係強化を進めている。その一例が、経済成長が著しいカンボジア最大の銀行アクレダ・バンクの株式購入だ。現在の保有比率は18・25%で、大株主となっている。

このほか、香港の東亜銀行へ追加出資して、出資比率を17・42%相当に引き上げ、同行を持分法適用会社（保有する持分割合に応じて影響を与えられる関連会社）としている。コロンビアでも、国営銀行FDNの株式8・84%を取得するなど、地場金融機関への積極的な出資を行なっている。

SMの海外拠点

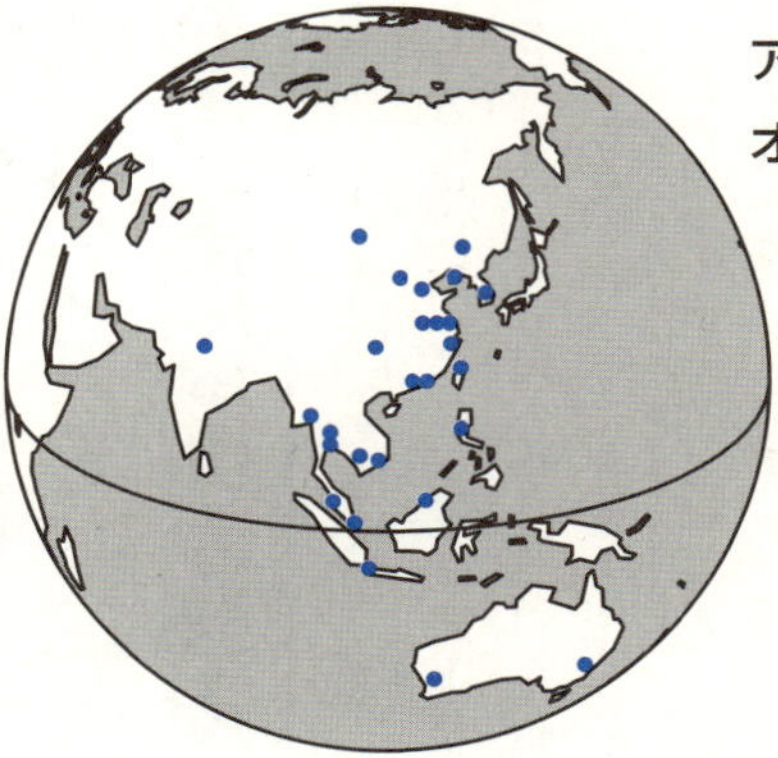

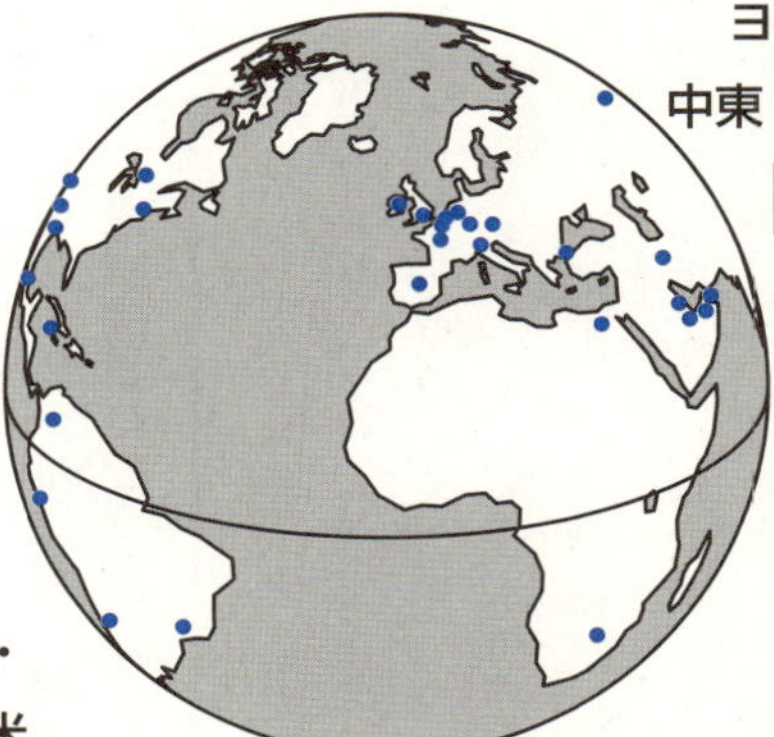

※三井住友銀行 HP の海外営業拠点所在地一覧（2017 年4月時点）を元に作成。

国内とアジアでの企業融資店舗の全国展開が強み

国内ナンバー2の、みずほの強みは企業融資。組織も企業営業にシフト。

2016年3月期のみずほ銀行（以下みずほ）の総資産は161兆1227億3600万円。預金高は100兆1970億3700万円、貸出金高は70兆3743億9200万円。総資産は、邦銀ではMUに次ぐ規模だ。

みずほは上場企業の約7割と取引があり、企業融資に強みがある。組織の構成にも自行の強みをさらに特化させるような戦略が読み取れる。

みずほは、2016年4月1日付で「戦略の企画・立案から戦略の遂行に至るプロセスにおいて、より強力に、よりスピーディーに、お客さまの属性に応じて一貫した戦略を展開できる体制」としてカンパニー制を導入した。組織は5つのカンパニーと全カンパニーを横断するユニットで形成されている。カンパニーには、リテール・事業法人、大企業・金融・公共法人、グローバルコーポレート、グローバルマーケッツ、アセットマネジメントの5つが存在する。

専門性の高いユニットには、グローバルプロダクツユニット、リサーチ&コンサルティングユニットのふたつがある。

前者は、投資銀行とトランザクション(為替や資金管理など)の分野に特化した部署。投資銀行分野では、M&A、不動産、アセットファイナンス、プロジェクトファイナンス、コーポレートファイナンス(企業融資)の5つの事業分野を中心に、銀行・信託・証券が連携して顧客サービスを展開している。

後者は、グループ内のリサーチ機能とコンサルティング機能を結集した専門家集団。みずほ銀行産業調査部、みずほ信託銀行コンサルティング部、みずほ証券リサーチ&コンサルティングユニット、みずほ情報総研、みずほ総合研究所、みずほ第一フィナンシャルテクノロジーで構成されている。

ふたつのユニットは、みずほの「専門性のさらなる強化」と「顧客セグメント横断的な機能活用」を図るために設けられた部署。先に紹介したカンパニーやユニットが充実しているのは、法人営業に力を入れている証拠だ。

このほかに人事や企画など9グループがあり、巨大な組織を支えている。

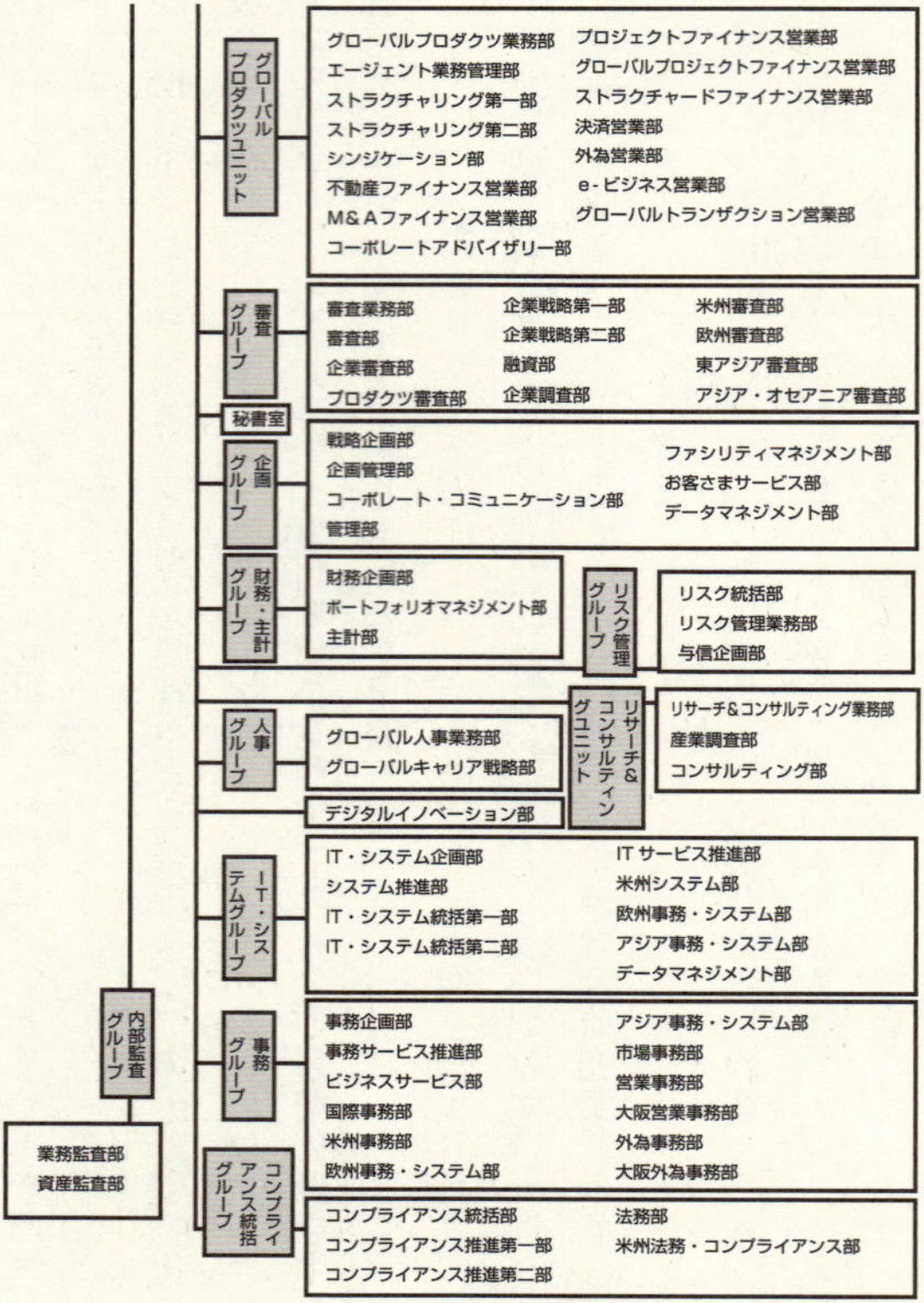
グローバルプロダクツユニット
グローバルプロダクツ業務部
エージェント業務管理部
ストラクチャリング第一部
ストラクチャリング第二部
シンジケーション部
不動産ファイナンス営業部
M&Aファイナンス営業部
コーポレートアドバイザリー部
プロジェクトファイナンス営業部
グローバルプロジェクトファイナンス営業部
ストラクチャードファイナンス営業部
決済営業部
外為営業部
e-ビジネス営業部
グローバルトランザクション営業部
審査グループ
審査業務部
審査部
企業審査部
プロダクツ審査部
企業戦略第一部
企業戦略第二部
融資部
企業調査部
米州審査部
欧州審査部
東アジア審査部
アジア・オセアニア審査部
秘書室
企画グループ
戦略企画部
企画管理部
コーポレート・コミュニケーション部
管理部
ファシリティマネジメント部
お客さまサービス部
データマネジメント部
財務・主計グループ
財務企画部
ポートフォリオマネジメント部
主計部
リスク管理グループ
リスク統括部
リスク管理業務部
与信企画部
人事グループ
グローバル人事業務部
グローバルキャリア戦略部
デジタルイノベーション部
リサーチ&コンサルティングユニット
リサーチ&コンサルティング業務部
産業調査部
コンサルティング部
IT・システムグループ
IT・システム企画部
システム推進部
IT・システム統括第一部
IT・システム統括第二部
IT サービス推進部
米州システム部
欧州事務・システム部
アジア事務・システム部
データマネジメント部
事務グループ
事務企画部
事務サービス推進部
ビジネスサービス部
国際事務部
米州事務部
欧州事務・システム部
アジア事務・システム部
市場事務部
営業事務部
大阪営業事務部
外為事務部
大阪外為事務部
コンプライアンス統括グループ
コンプライアンス統括部
コンプライアンス推進第一部
コンプライアンス推進第二部
法務部
米州法務・コンプライアンス部
内部監査グループ
業務監査部
資産監査部

※みずほ銀行HPの組織図（2017年4月1日時点）を元に作成。

みずほの組織図

各部などの下には、さらに下部の部署が存在する。

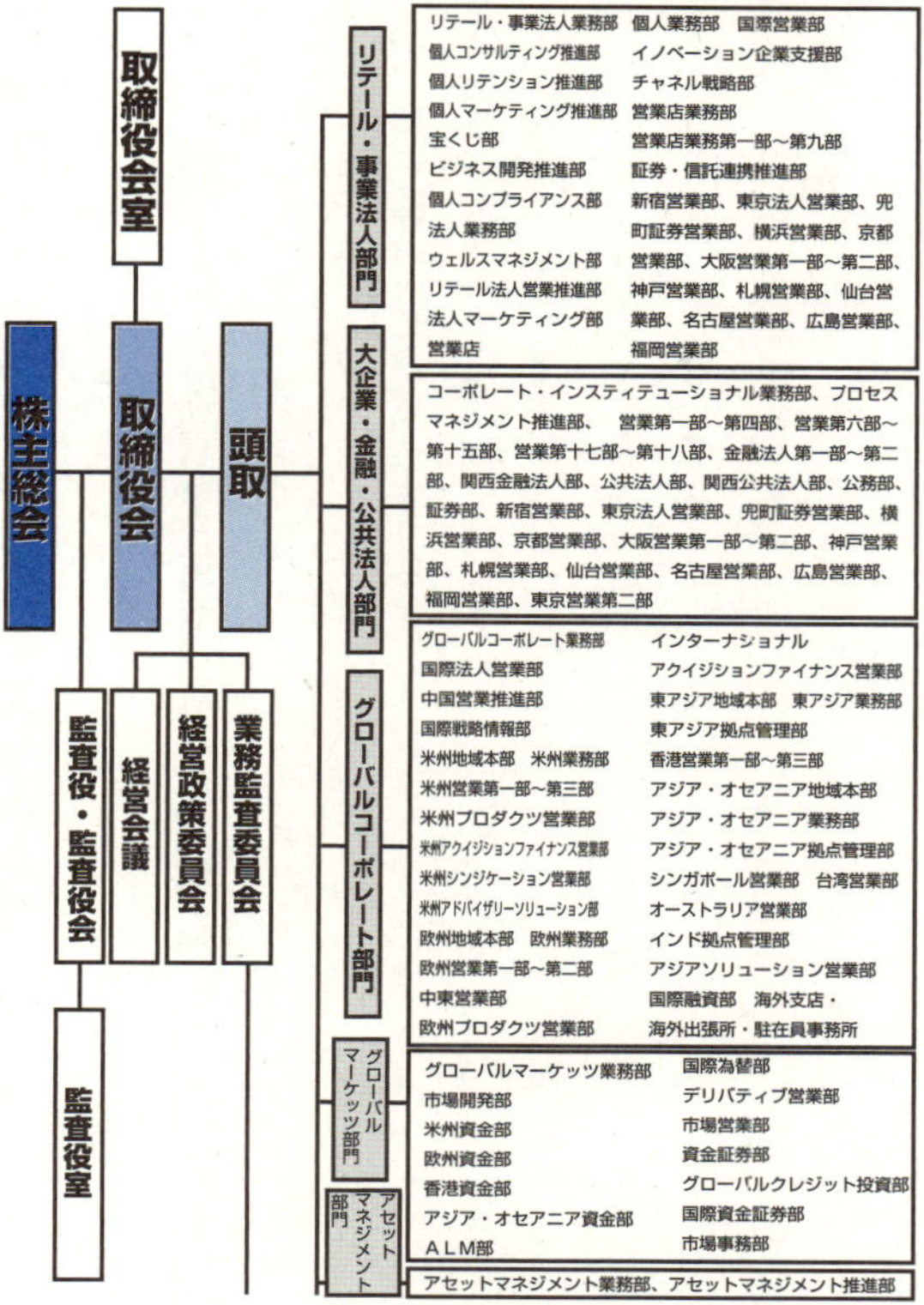

取締役会室
株主総会
取締役会
頭取
監査役・監査役会
監査役室
経営会議
経営政策委員会
業務監査委員会
リテール・事業法人部門
リテール・事業法人業務部 個人業務部 国際営業部
個人コンサルティング推進部 イノベーション企業支援部
個人リテンション推進部 チャネル戦略部
個人マーケティング推進部 営業店業務部
宝くじ部 営業店業務第一部〜第九部
ビジネス開発推進部 証券・信託連携推進部
個人コンプライアンス部 新宿営業部、東京法人営業部、兜町証券営業部、横浜営業部、京都営業部、大阪営業第一部〜第二部、神戸営業部、札幌営業部、仙台営業部、名古屋営業部、広島営業部、福岡営業部
法人業務部
ウェルスマネジメント部
リテール法人営業推進部
法人マーケティング部
営業店
大企業・金融・公共法人部門
コーポレート・インスティテューショナル業務部、プロセスマネジメント推進部、営業第一部〜第四部、営業第六部〜第十五部、営業第十七部〜第十八部、金融法人第一部〜第二部、関西金融法人部、公共法人部、関西公共法人部、公務部、証券部、新宿営業部、東京法人営業部、兜町証券営業部、横浜営業部、京都営業部、大阪営業第一部〜第二部、神戸営業部、札幌営業部、仙台営業部、名古屋営業部、広島営業部、福岡営業部、東京営業第二部
グローバルコーポレート部門
グローバルコーポレート業務部
国際法人営業部
中国営業推進部
国際戦略情報部
米州地域本部 米州業務部
米州営業第一部〜第三部
米州プロダクツ営業部
米州アクイジションファイナンス営業部
米州シンジケーション営業部
米州アドバイザリーソリューション部
欧州地域本部 欧州業務部
欧州営業第一部〜第二部
中東営業部
欧州プロダクツ営業部
インターナショナルアクイジションファイナンス営業部
東アジア地域本部 東アジア業務部
東アジア拠点管理部
香港営業第一部〜第三部
アジア・オセアニア地域本部
アジア・オセアニア業務部
アジア・オセアニア拠点管理部
シンガポール営業部 台湾営業部
オーストラリア営業部
インド拠点管理部
アジアソリューション営業部
国際融資部 海外支店・海外出張所・駐在員事務所
グローバルマーケッツ部門
グローバルマーケッツ業務部
市場開発部
米州資金部
欧州資金部
香港資金部
アジア・オセアニア資金部
ALM部
国際為替部
デリバティブ営業部
市場営業部
資金証券部
グローバルクレジット投資部
国際資金証券部
市場事務部
アセットマネジメント部門
アセットマネジメント業務部、アセットマネジメント推進部

アジアの協調融資市場で邦銀ナンバーワン

みずほの行員数は2万9452人。国内の本支店の数は421、出張所41。海外には、支店25、出張所17、駐在員事務所6、現地法人38がある（2016年12月31日時点）。

海外ネットワークは、34の国・地域に84拠点を展開している。なかでも力を注いでいるのが、高い経済成長が見込まれるアジアだ。

中国では現地法人のみずほ銀行中国（本店：上海）を設立し、北京や天津、蘇州、広州などの大都市に支店を設けている。また、インドには4つの支店とひとつの出張所を設けている。このほか、香港、韓国、台湾、フィリピン、マレーシア、ベトナム、タイ、シンガポールなど各国・地域に支店を設けている。

さらに、フィリピンでは大手銀行バンク・オブ・ザ・フィリピン・アイランズと業務協力協定を結んでいる。インドネシアでは、連結子会社であるみずほバリモア・ファイナンスを通じて、インドネシアにおけるリテール金融事業に参入している。

このように海外拠点ネットワークの拡充は、みずほが得意とする企業融資で確実

みずほの海外拠点

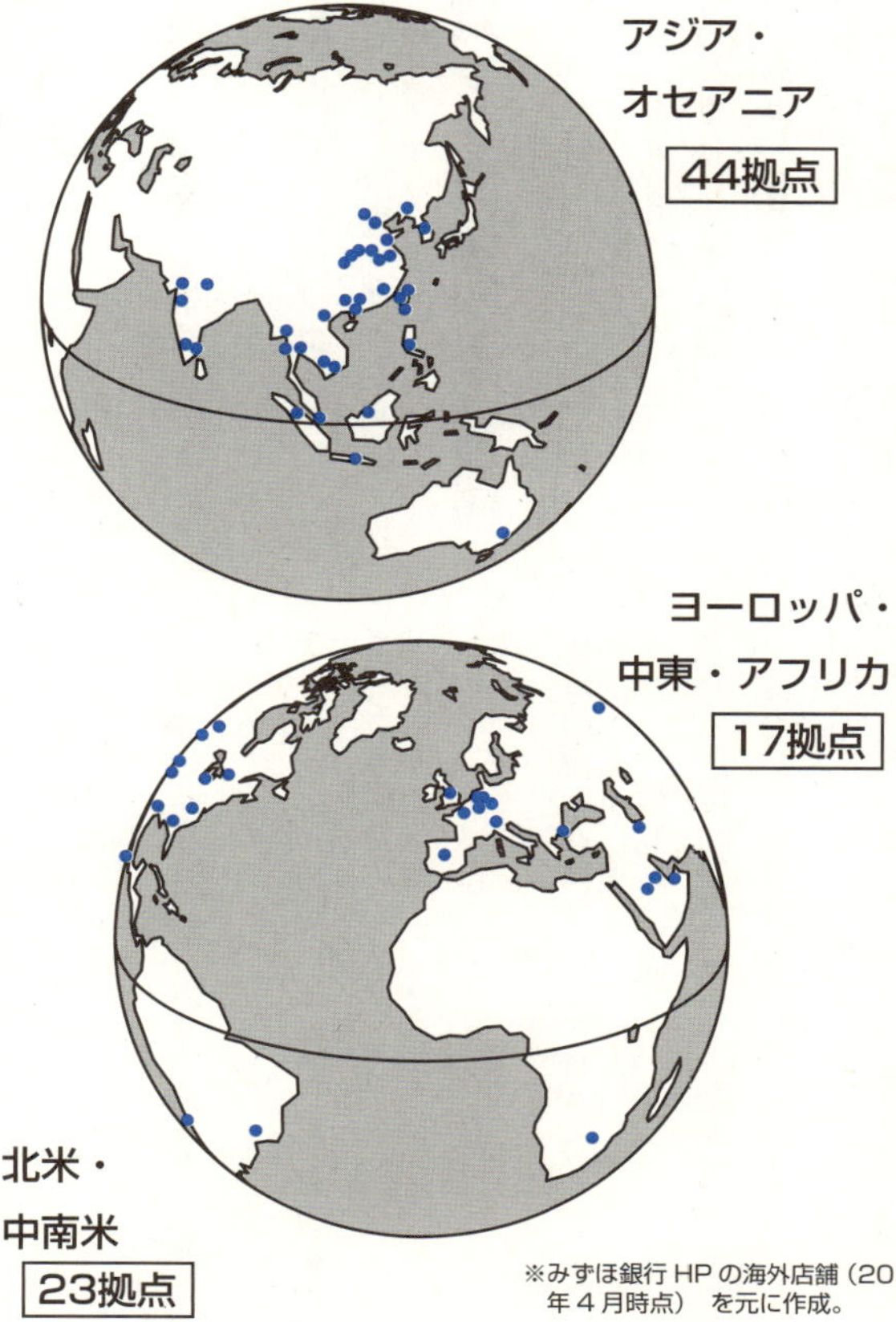

※みずほ銀行 HP の海外店舗（2017年４月時点）を元に作成。

な成果となっている。みずほは、アジアのシンジケートローン（協調融資）市場で邦銀ナンバーワンとなっているのだ。

シンジケートローンとは、複数の金融機関が協調して融資グループを組織し、同一の条件で協調融資を行なうこと。みずほは企業が実施するM&A（合併・買収）、プロジェクトファイナンス、不動産の取得、事業再生など、幅広い資金ニーズにこの手法を用いている。プロジェクトファイナンスとは、特定事業に対して融資を行ない、そこから生み出される利益を返済にあてがう融資の手法だ。

メガバンク屈指の全国展開

国内ネットワークにもふれておこう。みずほの個人顧客は約2400万人。これは日本の人口の約20%に達する数値だ。

MUの約4000万口座、SMの約2700万口座には及ばないが、それでも日本人の、およそ5人に1人がみずほの口座を持っている計算になる。

この個人顧客数は、みずほがすべての都道府県に支店・出張所を展開していることと無関係ではないだろう。北海道や沖縄県など、MUとSMの支店・出張所の数

みずほの地域別の国内本支店

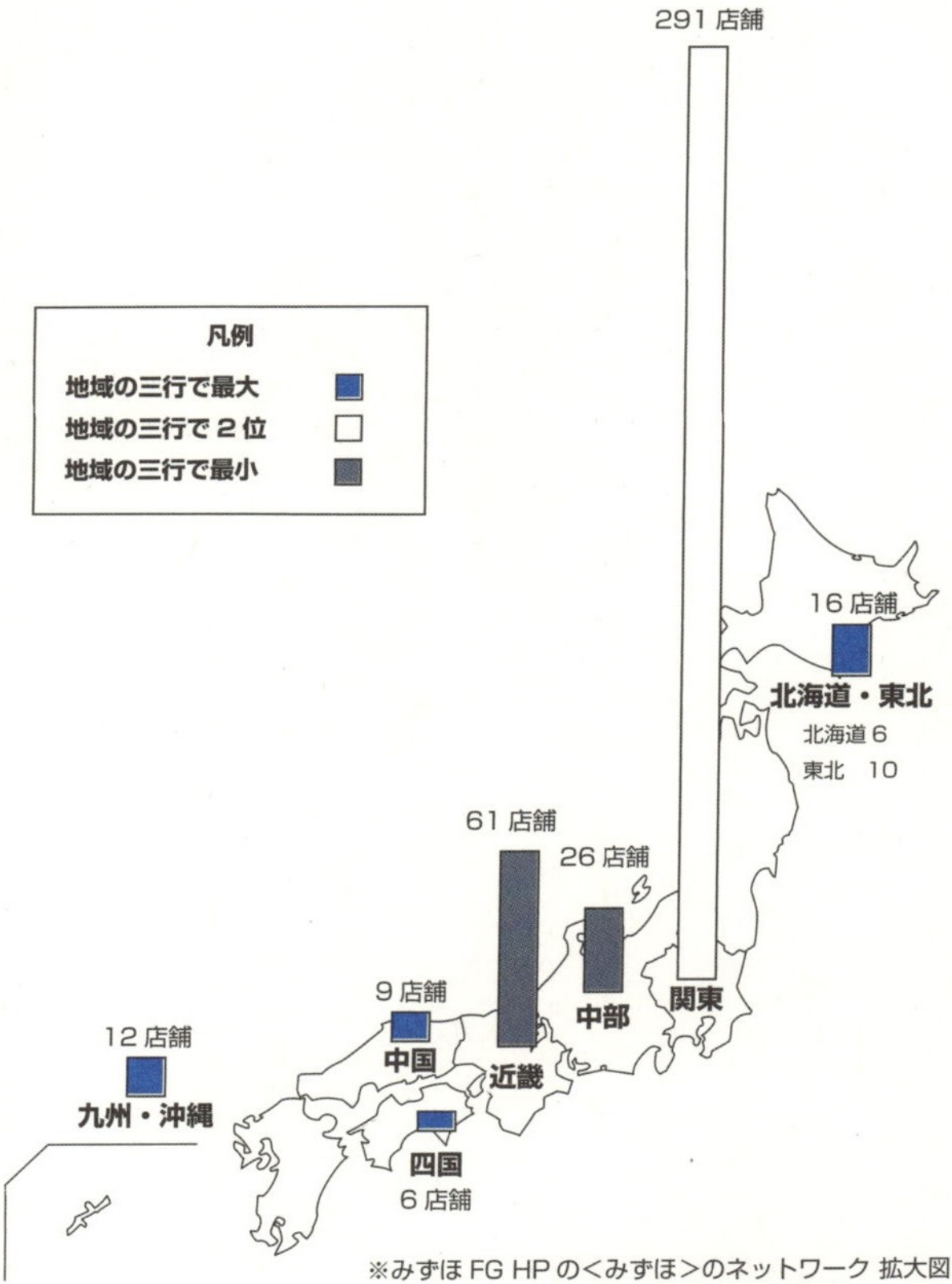

※みずほ FG HP の<みずほ>のネットワーク 拡大図（2016 年 12 月 31 日時点）を元に作成。

が少ない地域でも、みずほは多くの支店を展開し、地域に根ざした金融サービスを展開しているのだ。

みずほの前身は、富士銀行（以下富士銀）、第一勧業銀行（以下第一勧銀）、日本興業銀行（以下興銀）の三行だ。合併直前、第一勧銀は国内に334支店を展開、富士銀は284支店、興銀は27支店を展開していた。富士銀も第一勧銀も全国展開しており、三行が統合して誕生したみずほは、それらの地盤を引き継いだ。上場企業の7割と取引があるのも、三行の〝遺産〟を継承したからだ。

みずほは現在、全国に約800の店舗ネットワークを持ち、コンビニエンスストアを含む約5万カ所に店舗外ATMを設置している。あまり知られていないが、ATMネットワークはメガバンクでトップの約6800拠点を誇っている。また、首都圏で最大級のATMネットワークを有している。

この拠点数が可能になった背景には、2013年にイオン銀行と結んだ戦略的提携がある。これにより、全国に展開するイオングループ店舗のATMでもみずほと同じ条件で利用できるようになったのだ。

三菱東京UFJ銀行②

グループトップが集う「金曜会」での立ち位置

三菱グループの親睦会「金曜会」に及ぼす影響力はどれほどだろうか。

時価総額ランキングでトヨタ自動車と並び、つねに上位に名を連ねるMU。では、三菱グループ内ではどのような位置にあるのか？

「日本最大の企業グループ」とも呼ばれる三菱グループは、世界44カ国に及ぶ海外企業を含めると、合計757社（ダイヤモンド社調べ）もある。グループの総売上高58兆円は、日本のGDPの10％強を占めるというからおどろきだ。

その三菱グループには、主要企業29社の会長・社長ら計48人が一堂に会して昼食をともにする親睦会がある。毎月第2金曜日に三菱商事本社ビルの最上階で例会がもたれることから「金曜会」と呼ばれている。同会のメンバー企業29社の売上高の合計は56兆円強にもなり、これはオーストラリアの国家予算53兆3844億円（2014年度）を上回る規模だ。

MUは、三菱重工業、三菱商事とともに三菱グループの御三家のひとつであり、当然のごとく金曜会の主要メンバー企業である。

同会のホームページによれば、例会の活動は「グループ共通の社会貢献案件の審議」「社名に三菱を冠称することになった会社の紹介」「各界でご活躍の方の講演」となっている。これだけだと、金曜会はグループ企業の親睦団体に思えるが、それは建前で単なる親睦団体ではない。「金曜会は三菱グループの最高決定機関」と定義するマスコミは少なくない。では、どのような重要事項を決定しているのだろう？

たとえば、2000年に発覚した三菱自動車のリコール隠し、さらに2004年に発覚した三菱ふそうトラック・バスのリコール隠しにより、三菱ブランドの信頼が失墜し、三菱自動車が経営危機に陥ったときのこと。金曜会で危機回避に臨む基本姿勢が決定したといわれている。グループ企業の緊急時に金曜会が結束し、三菱ブランドを守るために意思統一を図ったということだ。その後、御三家が支援に動き、増資や経営陣を派遣した。

同様に、2010年にグループ企業のキリンビールがサントリーとの統合を企画した際に「待った」をかけたのも金曜会の重鎮だったという話もある。

金曜会のトップはMUを含む御三家

三菱自動車への支援の事例から、金曜会は、普段は親睦会なのだが、緊急時には「三菱グループの最高決定機関として機能する組織」であることがわかる。

それを可能にしている鍵は金曜会の組織体制にある。強い結束力を誇る金曜会には、外部からはわからないヒエラルキーが存在し、トップダウンで動く指揮系統があるのだ。では、その組織体制を見てみよう。

金曜会は、いくつかの会で組織されている。そのトップに位置づけられるのが、開催月によっては金曜会の前に会合が開かれる「世話人会」だ。

世話人会に毎回出席するのは御三家のみ。御三家はチームスポーツでいえば「不動のレギュラー」で、それ以外は入れ替え制になっている。主要10社のうち6社が順番に世話人会に加わり、その6社は毎年2社ずつ入れ替わる。このように世話人会は御三家プラス6社、計9社で構成されている。

この世話人会のトップである世話人代表が金曜会の座長となる。座長は御三家から選ばれ、現在、MUの平野信行取締役会長が務めている。世話人代表は金曜会の最高権力者といえよう。

金曜会の意思決定の流れはこうだ。まず、世話人会で金曜会にはかる重要事項が事前に討議され、金曜会で発表される。決定事項は金曜会で覆ることはなく、全会一致で承認され、そこから５６００社に迫る三菱グループ各社へと下りていく。

このことから、世話人会こそがグループを代表する意思決定機関であることがわかる。その世話人会の常任企業で、さらに世話人代表者を輩出しているＭＵが、金曜会ひいては三菱グループ全体に及ぼす影響力はどれほどのものか。

グループ各社の命運を握るMU

たとえば、経営危機に陥っている金曜会のメンバー企業に対し、ＭＵが「支援する必要はない」と判断すればどうなるだろうか。

世話人会のメンバーがその意見に同調すれば、経営危機に陥っている企業はグループから見限られるだろう。もしほかのメンバーが反対すれば、グループの結束力にほころびが生じるのではないだろうか。

そういった意味から、金曜会における世話人会の常任であるＭＵは、三菱グルー

三菱グループの組織図

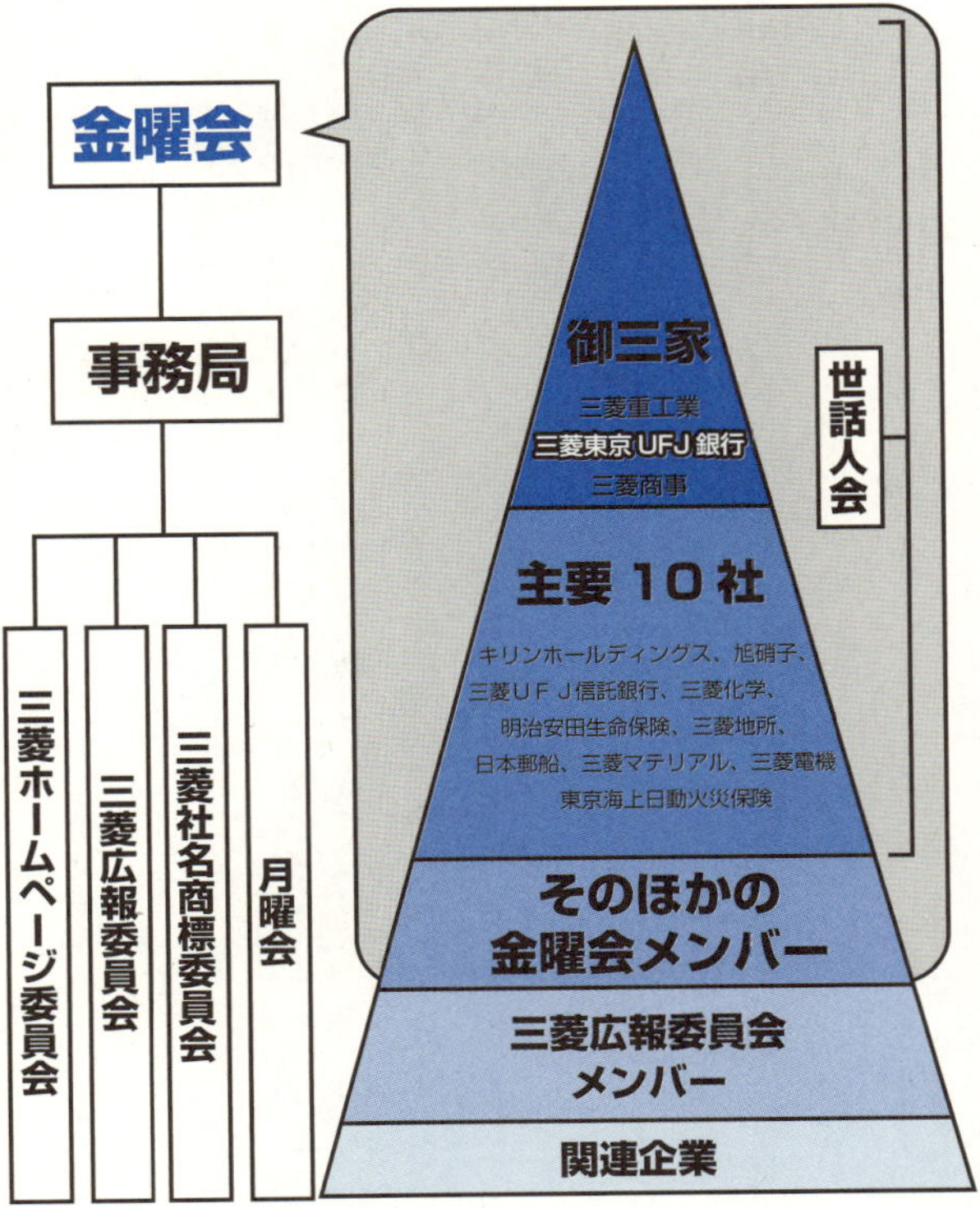
金曜会
事務局
三菱ホームページ委員会
三菱広報委員会
三菱社名商標委員会
月曜会
御三家
三菱重工業
三菱東京UFJ銀行
三菱商事
世話人会
主要10社
キリンホールディングス、旭硝子、
三菱UFJ信託銀行、三菱化学、
明治安田生命保険、三菱地所、
日本郵船、三菱マテリアル、三菱電機
東京海上日動火災保険
そのほかの
金曜会メンバー
三菱広報委員会
メンバー
関連企業

プ各社の命運を握っているともいえそうだ。

御三家を中心に結束する世話人会の下には、それを支える常設の「事務局」が置かれている。十数名のスタッフが常駐する事務局を設けている点は、三井や住友といった他グループとの大きな違いだ。

事務局長は世話人代表の出身会社から選任されるケースが多く、また例会で世話人代表の隣に座ることから、世話人代表の右腕となる重職だ。

さらに事務局の下に、「月曜会」「三菱社名商標委員会」「三菱広報委員会」「三菱ホームページ委員会」などの会がある。各会が抱える案件は事務局へ集められ、取捨選択して世話人会へ届けられる。

毎月第3月曜日に各社の総務部長が出席する月曜会では、金曜会の諮問に対する答申が行なわれる。第1金曜日に開かれる三菱社名商標委員会は、三菱の商号や商標の使用申請を審議する。金曜会メンバー企業以外の企業約40社で構成される三菱広報委員会は、三菱グループの広報を担う。

MUは、このように組織された三菱グループに君臨するリーダー格であり、グループの命運を握る企業といっても過言ではないだろう。

三井住友銀行②

「白水会」と「二木会」ふたつのグループに属する

SMは住友・三井両グループに属するが、グループへの影響力は異なる。

SMは2001年4月、住友グループの住友銀行と、三井グループのさくら銀行（旧太陽神戸三井銀行）が合併して発足したメガバンクだ。そのため、現在も住友グループと三井グループの両方に属しており、グループ企業のトップが集うそれぞれの会に参加している。

住友グループと三井グループは戦後、三菱とともに旧財閥（住友財閥、三井財閥、三菱財閥）系3大企業グループを築き、日本経済を牽引してきた。

住友グループは売上高190兆円、三井グループは254兆円（ともにダイヤモンド社調べ）という経済圏を形成している。ふたつを合わせれば、三菱グループの経済圏280兆円を軽く凌駕する規模だ。

「これほど巨大な市場規模を築いたふたつの企業グループが背後に控えているのな

ら、SMはすぐにMUの総資産を軽く凌駕するのでは」と、多くの人は思うかもしれないが、企業合併では単純な「足し算」が通用しないケースもある。同じグループに所属しているからといって、SMが、住友・三井両グループ企業すべてのメインバンクになっているわけではないということだ。

では、両グループにおけるSMの立場と影響力をみてみよう。

結論から先にいえば、住友グループにおけるSMの存在感と、三井グループにおけるSMの存在感は大きく異なる。そのポイントは、母体となった旧財閥の生い立ちと両グループの企業風土だ。

住友は銅の鉱山経営で財を成し、その利益でほかの製造業や貿易、金融、不動産など多角経営を始めた。住友銀行という強力な金融機関が存在し、各企業の相互関係や連帯感が強く、大きな派閥もなかった。

三井越後屋呉服店を起源とする三井は両替商に進出し、大きな財を築いた。三井を源流とする帝国銀行は戦前、日本最大の都市銀行だったが、第一銀行と三井銀行へ分離。戦後、再結成した三井グループの金庫番としての役目を果たせなかった。加えて三井物産の解体もあり、グループ各社の結びつきは薄くなっていった。

三井グループ重鎮はSMではなく鉱業系企業

「結束の住友」と呼ばれる住友グループには、主要企業19社の社長が毎月第4水曜日に集う社長会「白水会《はくすい》」がある。同会の幹事は持ち回りになっており、三菱グループの金曜会ほど明確なヒエラルキーはない。しかし、暗黙の序列はあるようだ。

かつては住友銀行、住友金属工業（現在の新日鐵住金《しんにってつすみきん》）、住友化学の3社が「住友御三家」と呼ばれ、存在感を示していた。だが、住友銀行がさくら銀行と合併してSMになり、2012年には住友金属工業が新日鐵と経営統合し、白水会を離脱した。これを機に、先の3社は「旧御三家」と呼ばれるようになった。

代わりに「新御三家」と呼ばれるようになったのが、住友商事、住友電気工業（住友電工）、日本電気（NEC）の3社だ。ところが、住友グループには、この新御三家とは別に、つねに一目置かれる企業がある。

古参の住友金属鉱山を筆頭に、住友重機械工業、住友林業、そして旧御三家の住友化学の4社だ。これらは「新居浜《にいはま》4社」と呼ばれており、なかでも住友金属鉱山が重鎮と目されている。その理由は、住友金属鉱山が住友財閥の源流にあたり、新居浜4社は銅山事業で住友財閥の基礎を築いた保守本流だからだ。

このように歴史と伝統を重んじるのも住友グループの特徴。さらに、住友家への忠誠心もほかのグループより強い。これは三菱や三井との大きな違いだ。

住友家の財産管理や後見にあたる「住友家評議員会」には、白水会の中核を担う9社の長老が名を連ね、SMの頭取も参加している。そのことから、住友家とSMとの主従関係は今も続いていることがよくわかる。SMはグループの旧御三家とはいえ、住友グループ最大の銀行であることは間違いない。

三井グループの二木会にSM単体の名はない

三井グループの大きな特徴は、グループへの帰属意識が薄い点にある。「人の三井」と呼ばれるように、三井グループ企業は群れない独立独歩の気質を持っているのだ。

そんな三井グループにも、25社の会長・社長で構成される「二木会《にもく》」と呼ばれる勉強会がある。じつは、この25社のなかにSMの名前はない。

その代わりにSMや三井住友カードなどを傘下に置く金融持株会社の三井住友フィナンシャルグループ（SMFG）が、御三家の一角として参加している。

住友グループの組織図

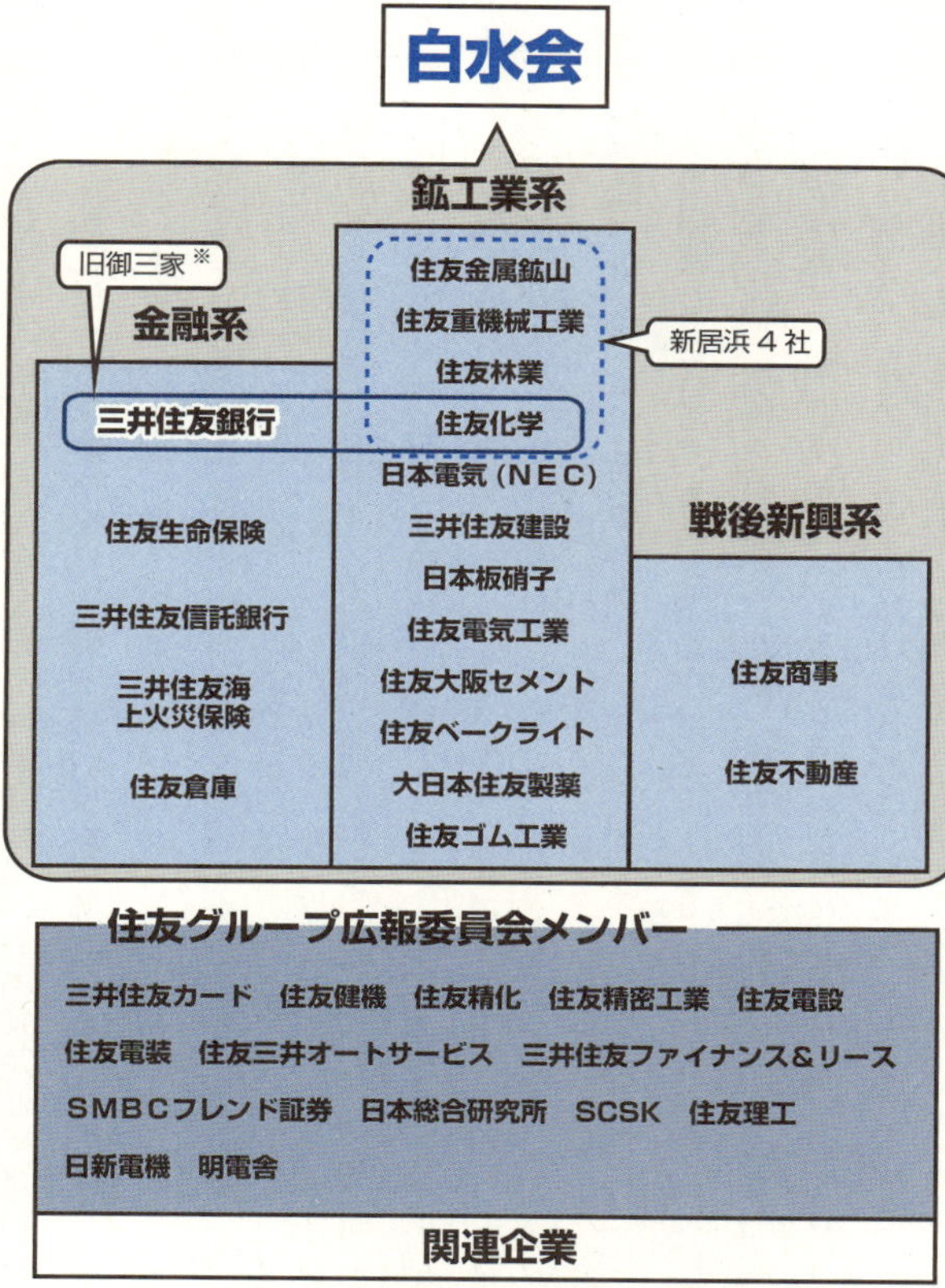

※御三家の一角だった住友金属工業（現在の新日鐵住金）は住友グループから離脱した。

三井不動産、三井物産、ＳＭＦＧの御三家が幹事会社で、会の議題は事務局の三井不動産と事務局長で決める。事務局長は御三家の役員経験者による持ち回りだ。興味深いのは、二木会への参加が個人の裁量にゆだねられている点だ。二木会は三菱の金曜会、住友の白水会と比べ、ずいぶん縛りの緩い会なので、数社がグループ内で圧倒的な権限を握るといったことはない。

さて、ここでＳＭと統合する前のさくら銀行（旧太陽神戸三井銀行）に着目してみよう。先に説明したように、旧三井銀行は戦後、三井グループの金庫番の役割をまっとうできず、規模は大きくなかった。そこで１９９０年に太陽神戸銀行と合併し、さくら銀行に改名して規模の拡大を図った。

一時期は預金高ベースで第一勧銀（現在のみずほ銀行）に次ぐ第2位にまで上昇したが、バブル崩壊と派閥対立もあり業績が低迷。１９９８年に経営危機に陥る。このとき、グループ各社が増資を引き受けたが、抜本的な解決には至らなかった。

さくら銀行はその後、住友銀行と統合する道を選んだ。住友銀行の主導で合併が進められた経緯もあり、三井グループにおけるＳＭは、三菱グループにおけるＭＵほどの強力な影響力をもっていないとみるべきだろう。

三井グループの組織図

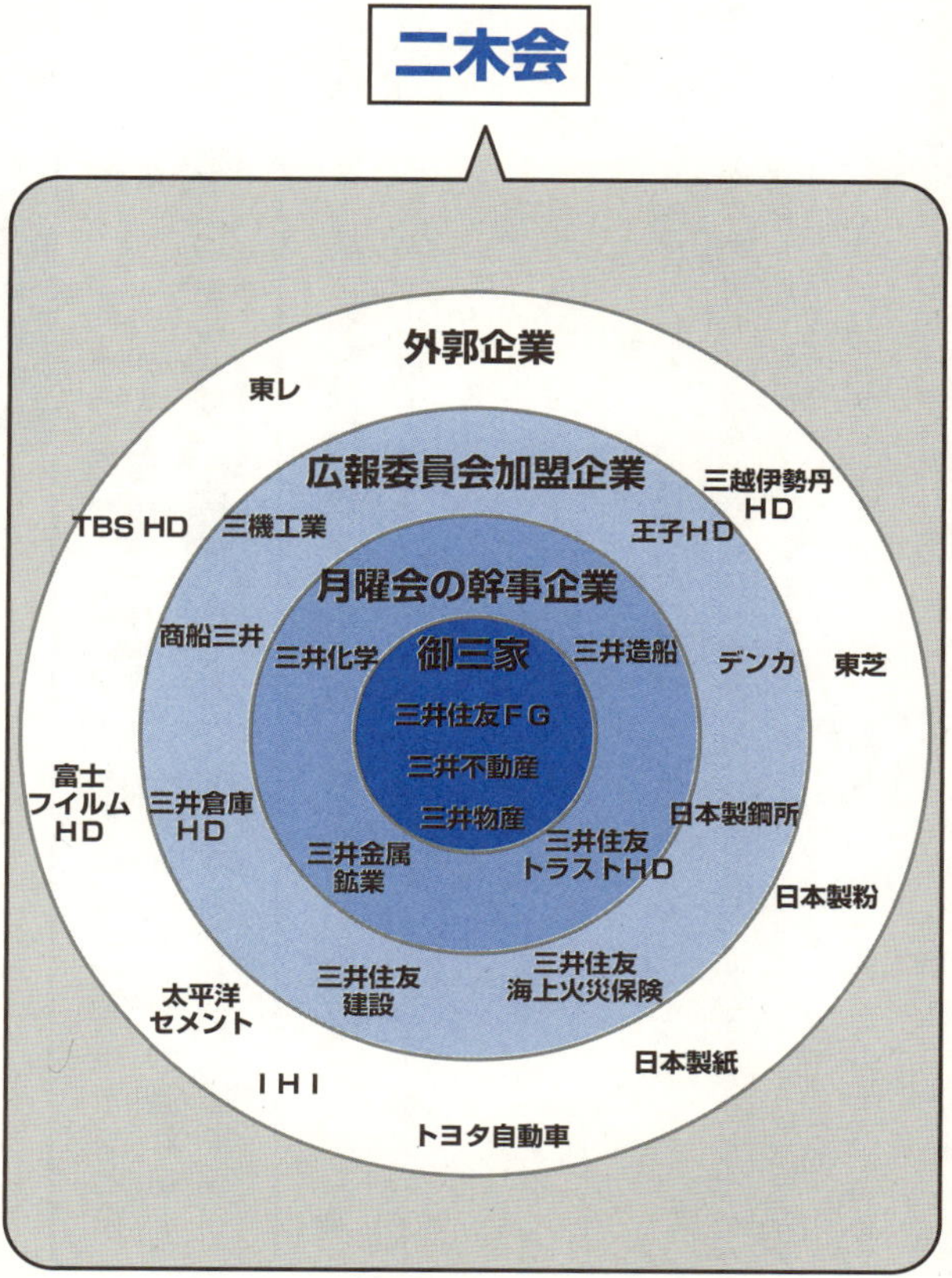
二木会
外郭企業
東レ
広報委員会加盟企業
三越伊勢丹
HD
TBS HD
三機工業
王子HD
月曜会の幹事企業
商船三井
三井化学
御三家
三井造船
デンカ
東芝
三井住友FG
三井不動産
富士
フイルム
HD
三井倉庫
HD
三井物産
日本製鋼所
三井住友
トラストHD
三井金属
鉱業
日本製粉
三井住友
建設
三井住友
海上火災保険
太平洋
セメント
日本製紙
IHI
トヨタ自動車

企業グループに属するも重役を担ってはいない

みずほは芙蓉グループと第一勧銀グループの流れをくみ、両グループに属する。

1999年に富士銀、第一勧銀、興銀が全面的統合するというニュースが報道されたとき、三行の資産を合計すると140兆円になることから、「世界最大のメガバンク誕生」と書き立てるマスコミも多かった。

その後、みずほは、ほかの銀行統合ではあまり見られない2段階の統合を経て誕生した。

まず、2000年に三行が共同持株会社のみずほホールディングス（現在のみずほフィナンシャルグループ＝みずほFG）を創設し、三行はその子会社となった。

次に、2002年、三行が合併し、みずほはスタートした。

それでは、みずほはどのような企業グループに属し、そのグループにどれほどの影響力を及ぼしているのか？

前身となる富士銀と第一勧銀の二行は、それぞれ異なる企業グループに属していた。富士銀が融資銀行として扇の要となっていた「芙蓉《ふよう》グループ」と、第一勧銀をメインバンクとする企業から成る「第一勧銀グループ」だ。

興銀も融資先企業から成る「興銀グループ」の中核であったが、グループに企業同士のつながりはなく社長会も存在しなかったので、ここでは企業グループとしてカウントしない。

みずほは、政治の世界でたとえるなら、芙蓉グループと第一勧銀グループの両方の盤石な地盤を引き継いだ二世議員のようなもの。とくに一時期は預金高ベースで国内トップに立っていた第一勧銀と安田財閥の流れをくむ富士銀の地盤は大きい。これに興銀をメインバンクとする企業が加わったのだから、金融で結びつく国内最大級の企業グループ「みずほグループ」をまとめる幹事となっていても不思議ではない。

しかし、実際にはそうなっていない。みずほは現在、ふたつの企業グループに重複して加盟しているが、それぞれの企業グループをまとめる立場にはいない。それはいったいどうしてなのか？

グループの幹事を退いた旧銀行

芙蓉グループは、1966年、富士銀とつながりのある企業のトップが集う社長会「芙蓉会」の発足により誕生した。三井・三菱・住友など旧財閥系企業グループに対抗する第4勢力の旗揚げは経済・産業界より注目を集めた。

芙蓉グループは旧財閥の血統より相互連帯のメリットを求める企業グループで、富士銀が世話役的な存在ではあったが、参加企業に序列はなかった。

その富士銀は統合直前の1999年に芙蓉会の幹事を退き、後任の幹事は、丸紅、安田生命（現在の明治安田生命）、安田火災（現在の損害保険ジャパン日本興亜）に引き継がれた。そして、事務局は丸紅に移った。

富士銀の流れをくむ、みずほは現在、芙蓉グループに属しているが、富士銀がそうであったように幹事を担ってはいない。

第一勧銀グループは、旧渋沢財閥を中心に、旧第一銀行の融資系列や日本勧業銀行の金融系列に基づいて形成された企業集団だ。1978年、第一勧銀が代表幹事・事務局となり、伊藤忠商事、川崎製鉄（現在のＪＦＥスチール）、古河電工、富士通、朝日生命保険など有力企業を中核企業とする社長会「三金会《さんきん》」が結成された。結成当初からサロン的な意味合いが強かったといわれている。

2000年、第一勧銀は代表幹事・事務局を降り、幹事は交代制、事務局は伊藤忠商事が引き継いだ。富士銀のみならず、第一勧銀の流れもくむみずほは現在、三金会の一社だが、やはり同会の幹事や事務局を担ってはいない。

なお、一時期、芙蓉会が一旦解散して三金会と合併し、新しい企業グループの創設を模索するという噂があったが、合併には至らなかった。

三行の頭取が交わした取り決め

富士銀が芙蓉グループの幹事を、第一勧銀が三金会の代表幹事・事務局を、それぞれ退いた理由は同じだ。

富士銀、第一勧銀、興銀の三行は統合を決定した際、日本の企業グループが海外から閉鎖的と受けとめられる可能性があるとして、企業グループの幹事から外れることを頭取同士で申し合わせたのだ。また、三行の統合を審査した公正取引委員会は、みずほが両グループの事業経営へ関与しないよう指導したと言われている。

こうして富士銀は芙蓉会、第一勧銀は三金会の幹事・事務局を退くことを決めた。また、ふたつの社長会を統合する意思のないことを示したようだ。

このため、みずほは現在、どちらの企業グループにも一企業として参加しているにすぎないが、そうなった背景には企業グループの無機能化がある。

1990年代以降の相次ぐグループの壁を超えた業界再編を経て、企業グループの求心力は弱まっていった。芙蓉会、三金会の両方に参加している企業も多く、企業グループの境界は不明瞭になっていった。社長会は単なる懇親会になっていった。つまり、企業グループは形骸化していったのだ。

みずほは企業グループに依存するのではなく、独自で金融グループを拡大していく道を選択したのだろう。そのスローガンとして、グループの機能が一体となって総力を発揮するという意味から「Ｏｎｅ ＭＩＺＵＨＯ」を掲げている。

みずほは単独で、日本の上場企業の約７割と取引がある。加えて、みずほＦＧは、みずほ、みずほ信託銀行、みずほ証券など30社以上の金融・証券会社を子会社とする巨大な金融グループとしての地位を固めている。

芙蓉会と三金会の組織図

芙蓉会（芙蓉グループ）	三金会（第一勧銀グループ）
丸紅	伊藤忠商事
京浜急行電鉄	日本通運
東武鉄道	
大成建設	清水建設
明治安田生命保険	朝日生命保険
昭和電工	富士通
サッポロビール	資生堂
日清紡	いすゞ自動車

両方に属する企業：

みずほFG

損害保険ジャパン日本興亜

日立製作所

※詳細については両会とも公表していないため、芙蓉懇談会のHPなどを元に推測して独自に作成。
※興銀グループは社長会を有さない。
※ここで出てくる企業以外にも属する企業があると思われる。

エネルギー関連事業や大型Ｍ＆Ａ案件に積極融資

利回りの高い海外での大型融資と、グループの総合力を駆使したＭ＆Ａ案件に注力する。

国内預貸金市場におけるＭＵのシェアは、貸出・預金ともトップ。世界市場におけるＭＵＦＧに着目すれば、世界の民間金融機関のうち預金残高は８位、貸出残高は７位と、世界有数の金融機関にまでのぼりつめている。

近年の特徴のひとつが、エネルギー関連分野への積極的な融資だ。ＭＵＦＧは２０１６年３月期の決算資料で、石油・ガス関連の貸付金が約８５０億ドル（約９兆２０００億円）と公開。同分野では世界最大級の貸し手に浮上した。

さらにＭＵは、企業ではなくインフラ建設や再生可能エネルギー事業など、特定の事業に対して融資を行なうプロジェクトファイナンスの組成実績でも世界トップクラスの商業銀行だ。プロジェクトファイナンスとは、その事業から生み出される利益を返済の資金とし、担保も対象事業の資産に限定する手法。事業会社は大型プ

日本における貸出・預金のシェア

国内貸出

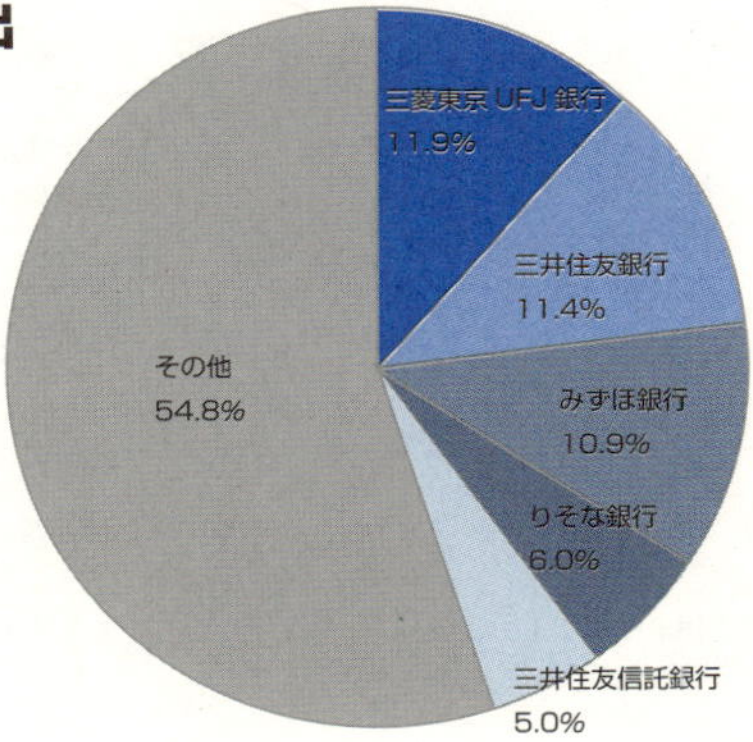

国内預金

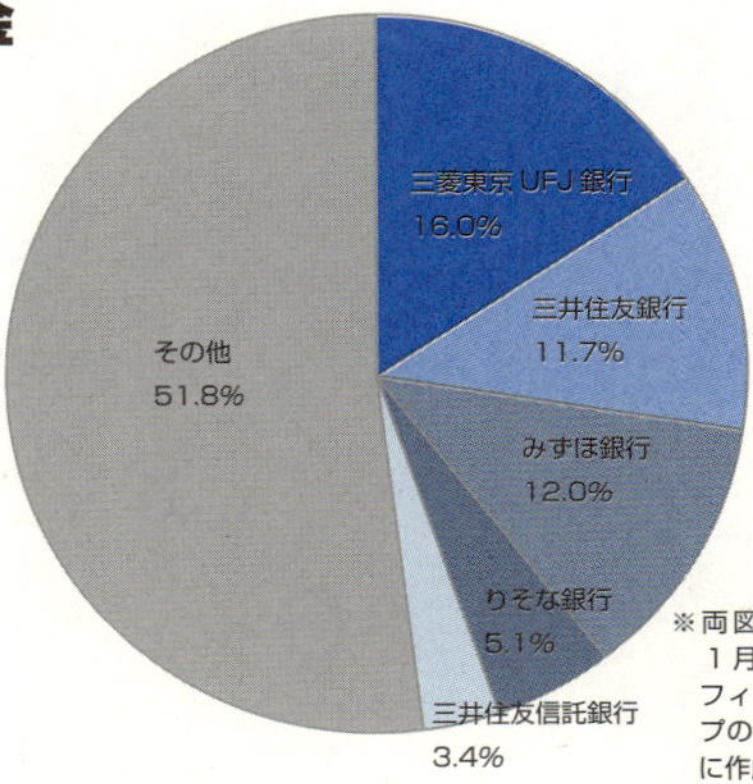

※両図版とも2017年１月開示の三井住友フィナンシャルグループの概要と戦略を参考に作成。

ロジェクトの有効な資金調達の方法として活用している。

ＭＵをはじめ、邦銀メガバンクが世界の再生可能エネルギー事業で大型融資を実施している理由は、日本銀行によるマイナス金利政策の下で、各行が利回りの高い海外での融資案件獲得を積極化させているからだ。これもまた日本のメガバンクの生き残り戦略のひとつといえよう。

近年、海外企業が日本国内で挑む事業でも、ＭＵはプロジェクトファイナンスの主要幹事として事業を支援している。たとえば、２０１５年、アメリカのジェマソン・グループとＧＥグループ2社の出資で設立された太陽光発電所運営会社（特別目的会社）が岡山県でメガソーラー事業を始める際、ＭＵは中国銀行とともにプロジェクトファイナンスを組成し、１１０億円を融資した。

再生可能エネルギー事業に挑む海外企業への大型融資として、記憶に新しいところでは、２０１６年6月に発表した中国の国有企業である中国長江三峡《ちょうこうさんきょう》集団に対する8億ドル（約８２０億円）の融資だ。邦銀の中国企業に対する1回の貸出額では最大だったので話題となった。三峡集団は資金をブラジルでの水力発電所の経営権取得に充てるとしている。

海外企業の買収にはグループ一体で対応

日本企業による海外企業の買収の資金調達先として、たびたびMUの名が挙がる。サントリーホールディングス（HD）は2014年、アメリカの蒸留酒最大手ビームを総額160億ドル（約1兆6500億円）で買収した。その資金のうち約8000億円を単独で融資したのが、サントリーHDのメインバンクであるMUだった。

この大型M&Aの際、サントリーHDのファイナンシャル・アドバイザーになったのがMUFG傘下の三菱UFJモルガン・スタンレー証券だ。

2010年、旧三菱UFJ証券と旧モルガン・スタンレーの日本法人が統合し、三菱UFJモルガン・スタンレー証券は誕生した。以降、国内外の大型M&A案件を数多く手がけている。また、MUFGは米投資銀行のモルガン・スタンレーと戦略的提携関係にある。

広告代理店国内最大手の電通が2012年にイギリスの広告会社イージスを約3955億円で買収した際も、MUが約2000億円を単独で融資し、三菱UFJ

モルガン・スタンレー証券が電通のファイナンシャル・アドバイザーに起用された。じつは電通のメインバンクはみずほなのだが、電通がモルガン・スタンレーと三菱UFJモルガン・スタンレー証券のアドバイザリーのノウハウを欲した結果、MUが融資することになったのだ。

このように大手国内企業の海外でのM&A大型案件にグループ一体となって対応するのはMUFGの大きな強みといえよう。

グループ会社への支援にも冷静な判断

企業が業績悪化で経営危機に陥ったとき、経営再建を成功させる鍵を握るのは、再建を託された経営者ではなくメインバンクだろう。メインバンクが全面的に金融支援するかどうかが再建はもとより企業存続の大きな分かれ道になるのだ。

2000年に発覚した三菱自動車のリコールにつながるクレーム隠し問題の際、三菱グループ「御三家」(MU、三菱重工業、三菱商事)は「三菱ブランドを守る」と団結し、全面的に経営再建を支援した。三菱自動車工業に2回目のリコール隠しが発覚した直後には、御三家などが総額5400億円の支援を実施した。

ところが、２０１６年、今度は一連の燃費不正の発覚でふたたび客離れに陥った。三菱グループ内では「支援する」「支援しない」のふたつの意見が出てまとまらず、やがて日産自動車から資本業務提携の提案が入った。

御三家は大株主としてこれを承諾した。「同じグループだから支援しなければならない」という使命感だけでは、もはや救える状況ではなかったのだろう。金曜会座長で当時のＭＵ頭取の平野信行氏は苦渋の選択をした。２０１６年10月、三菱自動車は日産自動車の傘下に入った。

グループ会社への金融支援は一筋縄ではいかない。シャープの場合もそうだった。シャープのメインバンクであったみずほとＭＵは、シャープに自行出身者の役員を派遣して経営を監視してきた。やがてシャープの業績が悪化し、鴻海《ホンハイ》精密工業から支援の申し出があった際、ＭＵはシャープを「破綻懸念先」に格下げし、新規融資は困難と判断。最終的に、１０００億円程度の不良債権処理を行なった。つまり、ＭＵは鴻海精密工業との提携でシャープの再生は不可能と判断したのだ。

これは融資を継続するか停止するか、どちらが得かよく考えた結果のうえでの冷静な選択なのである。

海外銀行や銀行部門を買収、再エネ事業へ果敢に融資

SMもMU同様、収益拡大の活路を海外でのM&Aに見出している。

三大銀行はこぞって海外でのM&Aに力を注いでいる。少子高齢化が進む日本国内での貸出ビジネスに固執するのではなく、人口増加と経済成長が見込めるアジア諸国や新興国で収益を伸ばしていく……という戦略に基づいた布石だ。

SMは2013年、インドネシアの年金貯蓄銀行（BTPN）の発行済株式の40％を約1500億円で取得し、筆頭株主となった。出資を決めた理由は、インドネシアの安定的な経済成長に加え、BTPNがインドネシア全土にしっかりとした顧客基盤（公務員年金の受給者・受給予定者向けの貸出、中小企業向け貸出など）をもっており、将来の収益拡大の余地が大きいと判断したからだ。

さらに、翌2014年には、SMの完全子会社であるSMBC信託銀行がアメリカのシティグループの完全子会社であるシティバンク銀行からリテールバンク（個

ＳＭの国内外の貸出金残高

国内貸出金残高

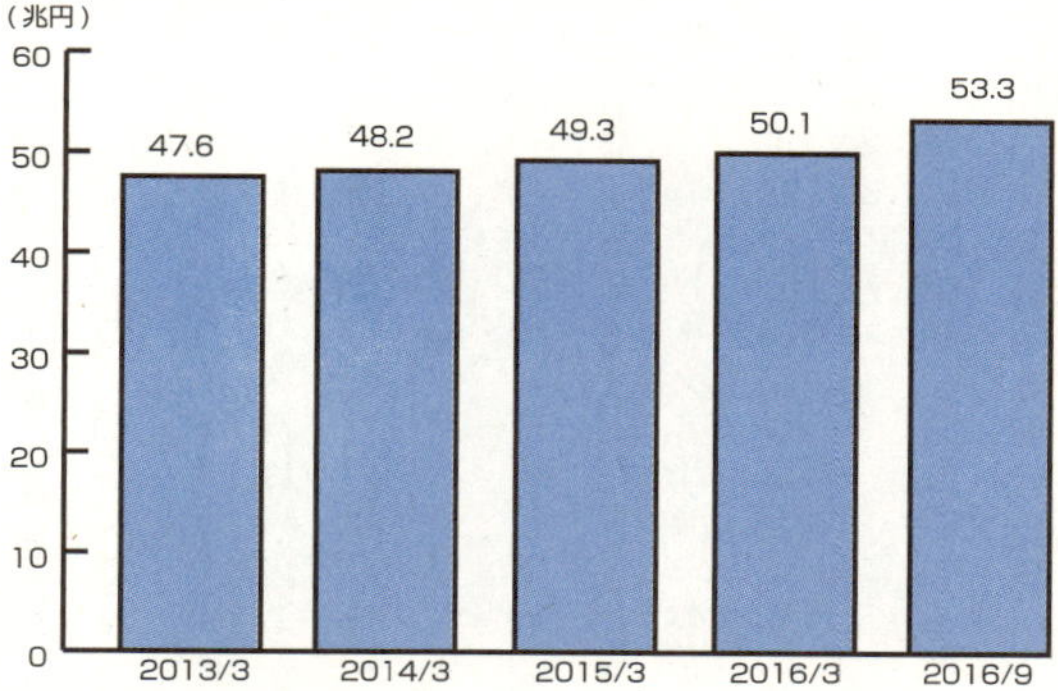

国内貸出金残高

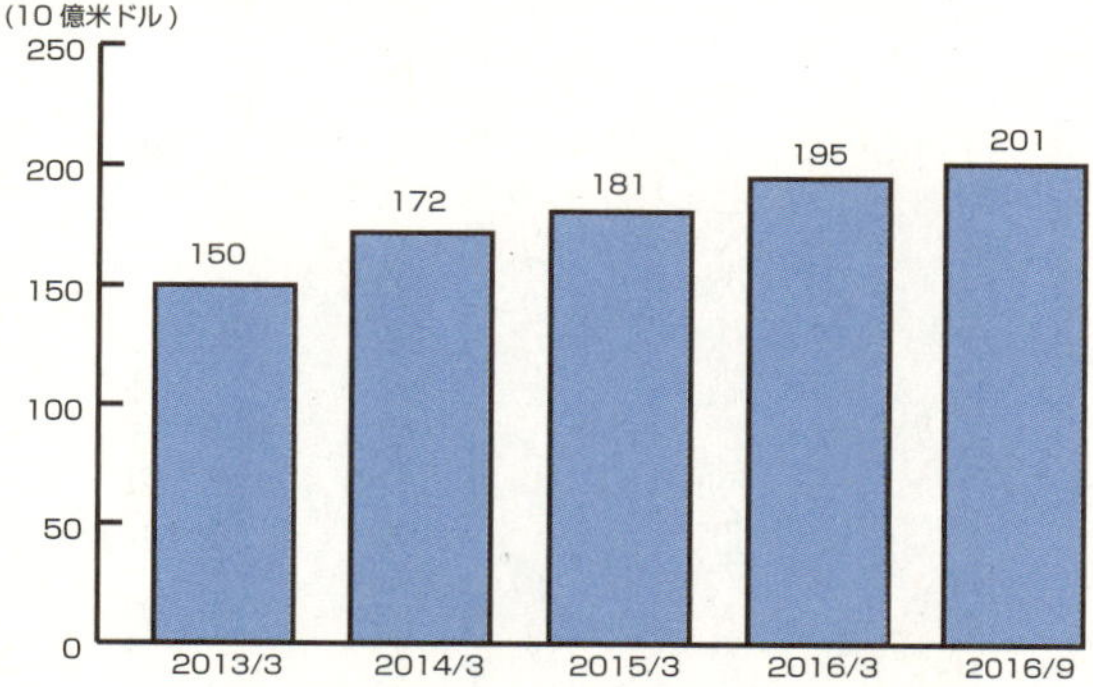

※両図版とも 2017 年１月開示の三井住友フィナンシャルグループの概要と戦略を参考に作成。

人金融）事業を約450億円で買収した（現在のプレスティア）。シティバンク銀行は日本国内に約74万人の個人顧客を持ち、預金残高は2兆4400億円あった（2014年9月30日時点）。顧客には富裕層が多く、預金のうち外貨預金が約1兆円を占めていたという。SMはリテールバンク事業の買収により、富裕層を対象としたビジネスが可能になり、外貨調達も容易になった。

SMはこうした海外金融企業のM&Aにより収益を伸ばす戦略に活路を見出している。なかでもアジアでのナンバーワン民間銀行の座を目指して精力的に投資を続けてきたが、必ずしも順調に推移しているわけではない。

SMFGは2015年4-9月期決算で、BTPNの株式を約550億円の減損として処理した。インドネシア経済の不振により、BTPNの株価が同行の取得した価格を大幅に下回っていたからだ。その背景には、インドネシアが依存している中国経済の失速があった。

このように海外貸出が伸び悩んでいるとはいえ、同行の貸出金残高71・1兆円のうち約25%に相当する17・7兆円は海外での貸出金（2016年9月時点）。海外収益を伸ばしていく方針に大きな変更はないだろう。

大型事業への投資にプロジェクトファイナンスを活用

ＳＭは、石油・ガス・鉱物などの資源開発や、鉄道・発電所などのインフラ整備など、国内外で行なわれる大規模なプロジェクトを対象に融資するプロジェクトファイナンスを実施し、実績を残している。

同行が近年力を注いでいる海外のプロジェクトを見てみれば、欧州地域では、イギリス・オランダ・ドイツ・ベルギーでの洋上風力発電事業、フランスでの太陽光発電事業、イギリスでの海底送電線事業や廃棄物処理発電事業など、幅広く融資を実行してきた。

オーストラリア・アジア地域では、インドネシアやラオスで地熱発電や水力発電事業に融資しているほか、電源の多様化を目指すオーストラリアでは風力事業に取り組んでいる。２０１５年度の融資の実績は、29件。分野別の内訳は、風力15件、太陽光12件、廃棄物処理発電1件、海底送電線関連1件。地域別の内訳は欧州6件、米州22件、オーストラリア・アジア1件だ。

資金調達には、シンジケートローン（協調融資）という手法もある。中心となるアレンジャー（幹事銀行）のもとに複数の金融機関が協調し、共通の条件でシンジケート（融資団）を組成して行なう大型融資だ。

2016年の例でいえば、中国の太陽光モジュールメーカーのジンコソーラー（晶科能源）の完全子会社のジンコソーラージャパンが運転資金の調達を目的に行なった案件がそうだ。SMが幹事を務める融資団との間で期間1年、総額20億円のシンジケートローン契約を締結。融資団は同行のほか、みずほ、中国工商銀行東京支店、NECキャピタルソリューションで構成されている。

海外の大型プロジェクトではMUとの協調融資も

競合するメガバンクが海外の巨大プロジェクトに協調して融資を実行することもある。たとえば次のようなケースだ。

MU、SM、三井住友信託銀行（以下SMTH）の三行は2016年12月、三菱商事が参加するベルギー最大の洋上風力発電所計画の融資銀行団に参加すると発表した。三行を含む欧州銀行などで構成する10の銀行団は、期間15年のプロジェクトファイナンスで8億6700万ユーロ（約1063億円）を融資する計画だ。

この洋上風力発電事業は三菱商事とベルギーの通信会社、オランダの公営エネルギー企業が共同で運営する。また、洋上風力発電設備は、三菱重工業とヴェスタス（デンマーク）の合弁会社であるMHIヴェスタス製を採用する。

三菱グループ御三家のひとつである三菱商事が取り組むプロジェクトで、同じく御三家の三菱重工業が洋上発電設備を受注し、MUが融資団に参加する……。これだけを見れば、MUの場合、三菱グループ企業が挑む事業への融資としてごく自然なことだが、この融資銀行団に三菱グループではないSMとSMTHが参加するのは、いったいどうしてなのか？

SMは、海外の再生可能エネルギー事業、とりわけ世界で最も先行している欧州でのプロジェクトへの参画を大きなビジネスチャンスとしてとらえている。事業規模の大きさ、事業の見通しの確かさ、安定した利回りなどの好条件がそろえば、競合銀行との協調融資であろうとも積極的に融資する方針だ。

２０１４年には、オランダ沖の北海の世界最大の洋上風力発電向けプロジェクトファイナンスに賛同し、MUとともに融資銀行団に参加している。ベルギーの洋上風力発電所の案件も同じケースといえよう。

目指すはアジアでの融資拡大、グループ力でM&A案件も獲得

海外戦略はアジアを中心に展開し、グループと連携して大型M&Aで存在感。

みずほとみずほFGは近年、MU、SMと同じく海外事業の強化に向け、外資との提携や金融機関の買収を進めてきた。経済成長の著しい諸国での融資案件の獲得で稼ごうとするのは当然のシナリオである。

なかでも、経済成長に伴って拡大するアジアの中間層を取り込む戦略を明確に示し、2011年から具体的なアプローチを開始した。

まず、2011年3月、シンガポールのヘッジファンド調査会社ユーリカヘッジを買収。次に同年9月、ベトナム最大手の国営商業銀行ベトコムバンク（ベトナム外商銀行）へ約435億円を出資し、資本・業務提携を開始した。ベトコムバンクは傘下に証券会社や資産運用会社、保険会社を抱えている。

さらに12月、インドネシアの現地企業であるイモラ・モーターと自動車ローン・

リース事業を手掛けるバリモア・ファイナンスを買収し、連結子会社にした。新たに合弁会社みずほバリモア・ファイナンスを設立し、ホンダ製自動車の販売に対する自動車ローン・リースを開始している。

また、みずほFGは同年、傘下のユーシーカード、出資先のクレディセゾンとともに、中国のカード会社最大手である中国銀聯《ぎんれん》と日中両国でのカード事業に関する業務提携を開始した。日本の個人や企業向けに、中国で現地決済できるクレジットカードを発行したほか、日本国内で銀聯カードが使える店舗数を拡大している。

これら矢継ぎ早の投資は、中国をはじめ、めざましい経済成長を続けるシンガポールやベトナムなどアジア諸国における個人や中小企業を対象としたリテール金融事業への取り組みの強化を一気に加速させる方針の表れであった。

一方、2012年6月には、ドイツ・ウェストエルビー銀行の在ブラジル銀行子会社であるウェストエルビー・ブラジルを買収した。ウェストエルビー・ブラジルは、大企業などを対象にした大口の金融を中心に手掛ける中堅銀行だ。

この買収は、当時飛躍的な経済成長を遂げていたブラジルでの業容拡大を狙ったもので、みずほの海外成長戦略における重要なステップでもあった。

シンジケートローンなどを用いての大型融資を実施

海外の金融機関との業務協力が大型融資につながることもある。みずほは2014年、タイの民間銀行最大手のサイアム商業銀行（SCB）と業務協力を開始し、日系企業のタイ進出やタイ企業の海外進出を相互に支援する体制を整えた。

その2年後の2016年9月、SCBの主要取引企業のひとつで、タイ証券取引所に上場しているガンクル・エンジニアリング子会社のガンクル・インターナショナル（モーリシャス）が宮城県仙台市に太陽光発電所を建設・運営するプロジェクトを計画した。ガンクル・エンジニアリングは再生可能エネルギーなど発電所の開発・運営も手掛けており、日本でのメガソーラー事業に積極的に乗り出している。

みずほは、この事業への総額約118億円を、プロジェクトファイナンスを組成して融資した。融資にはみずほのほかに、地方銀行八行が参加し、みずほはシンジケート（融資団）のアレンジャー（幹事銀行）を務め、シンジケートローンを成立させた。タイ企業がスポンサーとなる大規模な太陽光発電事業に関するプロジェクトファイナンス案件として国内初となった。

シンジケートローンとM&AでみずほＦＧが占める割合

<シンジケートローン>

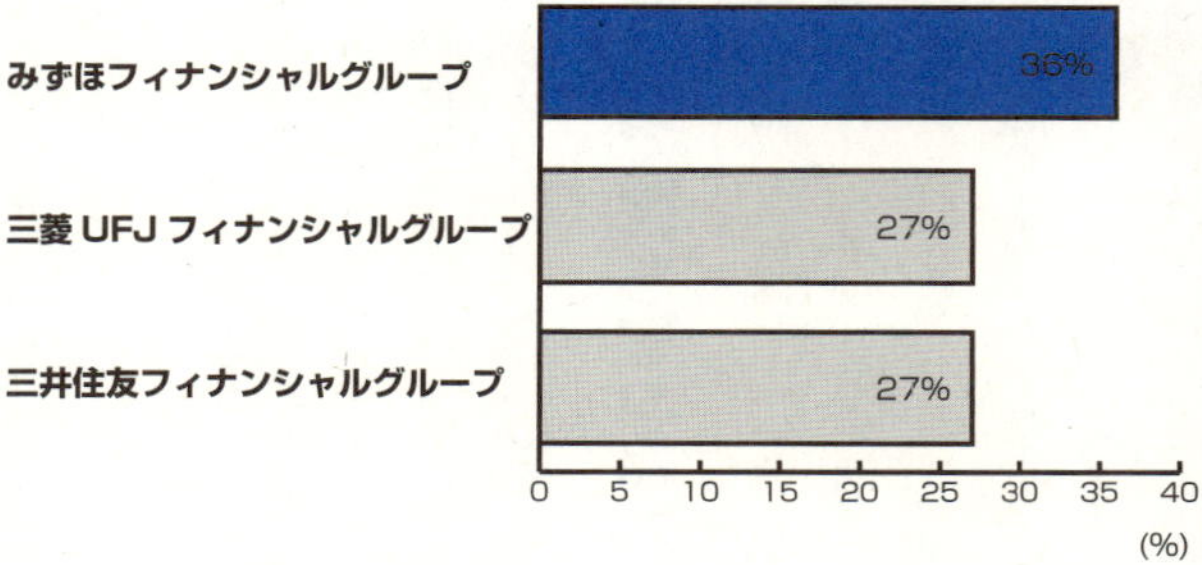

<M&A>

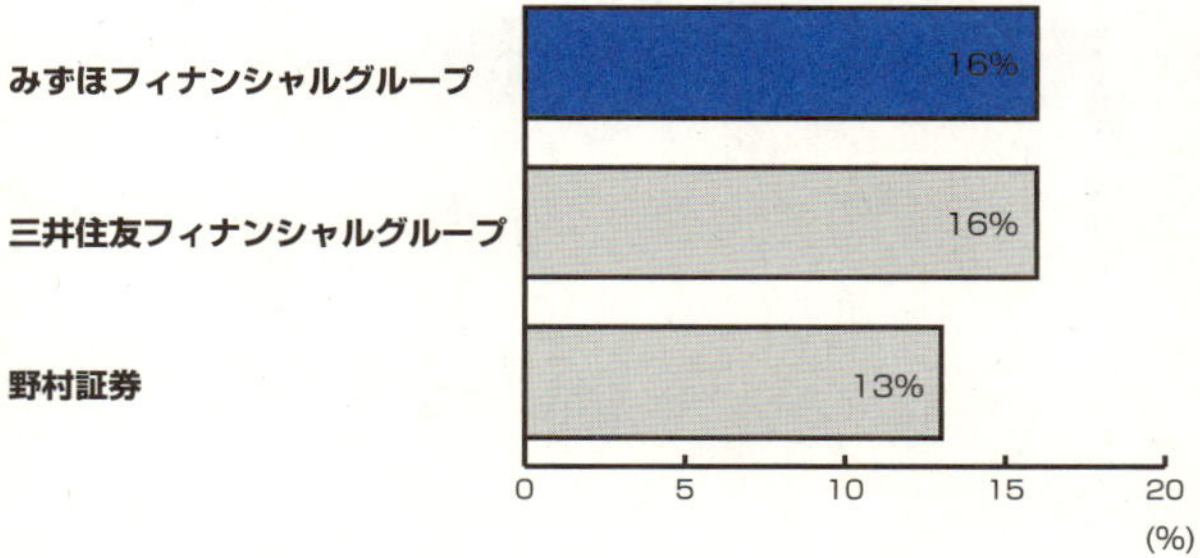

※両図版とも2016年10月開示のみずほフィナンシャルグループの〈みずほ〉の成長戦略を参考に作成。

新たなビジネスモデルにも注目したい。みずほは2016年7月、同社のグループ会社であるみずほグローバルオルタナティブインベストメンツ（MGAI）とともに、海外プロジェクトファイナンス債権を投資対象とするファンドの運用を開始した。ファンドにはMGAIが投資顧問会社として就任し、運用を行なう。投資対象はみずほが融資した海外のプロジェクトファイナンスのシニアローン。つまり、資本ではなく債権（融資部分）への投資だ。このファンドへは、主要投資家としてすでに第一生命保険が100億円の出資を決定している。

グループの総合力で勝ち取った大型M&A

大型M&Aの場合、買収を計画している企業には、メインバンクから巨額の融資を取りつけるのはもとより、M&Aを成功させるため優秀なファイナンシャル・アドバイザーと契約したいという考えがある。

銀行側からすれば、リスクの少ない融資であれば実施するのは当然のことながら、企業の買収完了後に、より長期の資金調達に切り替える際に社債発行やシンジケートローンの組成など、融資以外のビジネス展開も期待できる。

みずほが得意とするのは、「銀行・信託・証券」一体運営によるワンストップ対応だ。「One MIZUHO」のスローガンを掲げるみずほグループの総合力を武器にした三位一体の成長戦略といえよう。

たとえば日本企業による海外企業のM&A案件の場合、みずほが窓口となって事業戦略を練る。買収対象が決定すれば、みずほ証券がファイナンシャル・アドバイザーとなり、具体的な買収手法・資金調達方法を日本企業にアドバイスする。その買収にあたっては、もちろんみずほが融資を行なう。買収完了後、みずほ証券が増資や社債発行による長期資金調達を支援する。

2013年、ソフトバンクがアメリカの携帯電話業界3位のスプリントを約216億ドル（約1兆8000億円）で買収した案件では、みずほはMUやSM、ドイツ銀行とともに、つなぎ融資を実施したが、このうち7000億円はみずほが提供した。また、みずほ証券がソフトバンクのM&A助言アドバイザーを務めた。

みずほFGは、融資からM&Aの助言に至るまでの幅広い業務を引き受ける総合金融コンサルティンググループを目指している。みずほが契約を結ぶ国内外の企業への大型融資は、みずほFGの企業に継続的な利益をもたらす起点となるのである。

全国銀行協会会長職は メガバンク頭取の指定席

ＭＵ頭取は、グループの重役以外にどのような公職に就いているのか？

メガバンクの頭取は、融資先やグループ企業はもとより政財界にも大きな影響力をもっている。その理由は、金融界と財務省や金融庁などとの調整役を務め、政官界との太いパイプをもっているからだ。さらに、金融業界に大きな影響力を及ぼす団体や協会などの会長や理事などの重職を担っていることも強みだ。

ＭＵの代表取締役頭取を務める小山田隆氏は２０１７年４月、國部《くにべ》毅《たけし》氏（ＳＭＦＧ社長）の後任として全国銀行協会（全銀協）の会長職に就いた。ＭＵの前頭取で、同行の代表取締役会長とＭＵＦＧの代表執行役社長・グループＣＥＯを兼務する平野信行氏も２０１４年度に全銀協の会長を務めている。

では、メガバンクのトップが順番に会長に就く全銀協はどのような組織なのか？

全銀協は、国内の銀行の健全な発展を図り、経済成長と国民生活の繁栄に寄与す

MUの経営陣

平野信行氏

＜役職＞
三菱東京 UFJ 銀行代表取締役会長、
三菱東京 UFJ フィナンシャルグループ代表執行役社長・グループCEO

＜社外ポスト例＞
全国銀行協会会長（2014 年度）
日米経済協議会運営委員（2016 年 11 月時点）
三菱グループ社長・会長の親睦会「金曜会」代表

小山田隆氏

＜役職＞
三菱東京 UFJ 銀行代表取締役頭取、
三菱東京 UFJ フィナンシャルグループ取締役

＜社外ポスト例＞
全国銀行協会会長（2017 年 4 月時点）
大阪銀行協会会長（2016 年 4 月 時点）
金融先物取引業協会 2017 年度理事
「新しい東北」官民連携推進協議会 副代表

※各職歴は 2016 年 6 月 28 日時点。

ることを目的に2011年に設立された一般社団法人だ。銀行、銀行持株会社、各地の銀行協会が会員となり、参加している。会員数は253（2016年11月時点）。銀行業界に特化した組織としては最も大きく権威のある団体である。

行なっている事業は、金融や銀行経営、銀行業務・銀行事務などの改善に関する調査企画、各種決済制度に関する業務や個人信用情報にかかわる業務の運営企画、銀行の社会的機能を国民に知らしめる広報などだ。

理事会で実際に議論されるのは、「銀行業界が抱える諸問題に銀行はいかに取り組むべきか」といった案件が多い。たとえば、銀行が大量に保有する国債の動向と金利リスクへの対応。中国経済の失速や大幅な減速によって、世界経済が大きく落ち込んだり、中国関係企業の事業が悪影響を受けたりする「チャイナリスク」への対応。これらの重要なテーマは、一銀行が個々に対応できるレベルではなく、銀行業界としての対応が求められる。そこで全銀協が対応を検討するというわけだ。

全銀協の重要事項は、総会、理事会で決定される。役員は理事と監事で構成され、原則として正会員または銀行持株会社会員の代表者（頭取または社長）が就任している。その理事のなかから会長、副会長が選任される。任期は1年だ。

メガバンクのトップだけが就ける「全銀協会長」

会長職は近年、みずほ・みずほFG、MU・MUFG、SM・SMFGの三大銀行それぞれのグループの輪番となっている。

表現を変えれば、3つのグループ以外の銀行頭取は、いくら高い見識や安定したリーダーシップをもっていようとも、全銀協会長には就任できないという〝暗黙のルール〟があるということだ。これは、「三大銀行のトップは銀行業界に大きな影響力を持っている」といわれることの根拠のひとつになるだろう。

小山田氏はこのほか、大阪銀行協会（大銀協）の会長も務めている。同協会は、大阪府内に本店または支店の営業拠点を有する61の銀行が参加する社団法人。MUの前身である三和銀行の本店が大阪市にあったので、MUはそれを継続する形で同協会にも参加している。

また、小山田氏は、金融先物取引業協会の2016年度の副会長を務めていた。この協会は金融先物取引業の適切な運営を通して、投資家の保護と金融先物取引業の健全な発展に資することを目的に設立されたもの。148社が参加している。

主要な経済団体で理事を務める銀行家を輩出

SMのトップは日本経済団体連合会や経済同友会で重職に就いている。

2017年4月、SM頭取の國部毅氏はSMFG最高経営責任者に就任し、後任の頭取には同行専務執行役員の高島誠氏が昇格した。國部氏と高島氏はともに旧住友銀行出身だ。なお、SMFG社長の宮田孝一氏（さくら銀行出身）はSMFGとSMの会長を兼務する。

持株会社の新社長に就任した國部氏は頭取時代に全国銀行協会（全銀協）の会長を2013年度と2016年度の二度務めたほか、金融先物取引業協会の2016年度の会長も務めている。

では、メガバンクのトップはこれら業界団体の理事以外に、国内の有力企業が加盟する経済団体の理事職に就くことはないのだろうか？

國部氏は2017年4月1日時点で、経済団体の日本経済団体連合会（経団連）

SMの経営陣

國部毅氏

<役職>

三井住友フィナンシャルグループ取締役社長、
三井住友銀行前頭取

<社外ポスト例>

全国銀行協会会長（2013年度・2016年度）
金融先物取引業協会会長（2013年度・2016年度）
「新しい東北」官民連携推進協議会 副代表

宮田孝一氏

<役職>

三井住友フィナンシャルグループ取締役会長、
三井住友銀行取締役会長

<社外ポスト例>

経済同友会副代表幹事（ 2016年度）

北山禎介氏

<役職>

三井住友銀行取締役

<社外ポスト例>

経済同友会副代表幹事（2011年度〜2013年度）
日本商工会議所特別顧問（2016年度）
東京商工会議所副会頭（2016年度）
文部科学省国立大学法人評価委員会委員長（2012年〜）
文部科学省中央教育審議会会長（2015年〜）
日・タイ経済協力協会理事

※各役職は2017年3月末時点。

の副会長を務めている。

経団連は経済同友会、日本商工会議所と並ぶ「経済3団体」のひとつ。その使命は、「日本経済の自律的な発展と国民生活の向上に寄与すること」だ。そのために、経済界が直面する内外の広範な重要課題について、経営者の意見を取りまとめ、政府や行政、労働組合などに向けて重要な提言を発している。

たとえば「法人税率や消費税増税」に代表される金融政策に対する提言、「正規雇用者の採用増大」「ワークシェアリングの導入」など労働政策に対する提言、年金制度改革に対する提言など、さまざまな課題について発言してきた。

それらの提言をまとめていくのが理事だ。経団連を構成するのは、日本の代表的な企業1340社、主要な業種別全国団体109団体、地方別経済団体47団体（いずれも2016年6月2日時点）。

この巨大な経済団体を取りまとめる理事の数は23名。その内訳は、会長1名、副会長16名、事務総長・代表理事1名、専務・常務理事5名。会長は俗に「財界総理」と呼ばれるほどの名誉と影響力をもつ、日本を代表する超一流の経営者。多くの経営者があこがれる、いわば「財界人・実業家のゴール」といえよう。

文科省の委員会委員長や会長を務めたＳＭ会長

ＳＭＦＧとＳＭの会長を兼務する宮田氏はＳＭＦＧ社長時代、経済同友会の２０１６年度の副代表幹事（業務執行理事）を務めた。経済同友会は、経営者や経済団体役員が個人の資格で参加するのが特徴。国内外の経済問題を経済人の立場で議論し、先進的な政策や企業経営のあり方を意見や提言として発表している。

一般会員は１４２８人（２０１７年３月時点）。役員（理事）は15～20名。理事職は２期で満了となるが、つねに日本を代表する企業のトップが名を連ね、「敏腕経営者オールスターズ」といった顔ぶれになっている。

２０１１年度から２０１３年度には、当時ＳＭ会長で、取締役の北山禎介《きたやまていすけ》氏（さくら銀行出身）も経済同友会副代表幹事を務めた。

その北山氏は、日本商工会議所の特別顧問と東京商工会議所の副会頭のほかにも、２０１２年より文部科学省国立大学法人評価委員会委員長、２０１５年より文部科学省中央教育審議会会長を務めている。その活動は一銀行家の枠を越えているといえるだろう。

協会や財団の役職に就くのもメガバンクトップの役目

業界団体理事や運営委員はもちろん、銀行とは関係の薄い財団の名誉職にも就任。

全国銀行協会（全銀協）の会長は、三大銀行や各グループの経営陣が持ち回りで就いている。みずほFG社長の佐藤康博氏（興銀出身）も2012年度と2015年度の二度、会長を務めている。

佐藤氏はほかにも日米経済協議会（JUBC）の運営委員（2016年11月時点）を務めている。日米経済協議会は、経済界全体の立場から日米経済関係の諸問題について意見交換・政策提言を行なう民間の経済交流会だ。アメリカ側の「米日経済協議会」との共催で、ほぼ毎年、「日米財界人会議」を日米交互に開催している。

会員は日米間の経済関係に深く関与している約80の有力企業・団体によって構成され、日本経済団体連合会、日本商工会議所、経済同友会、関西経済連合会、日本貿易会の5団体が支援している。

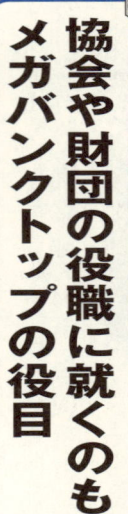

みずほＦＧとみずほの経営陣

佐藤康博氏

<役職>

みずほフィナンシャルグループ取締役兼執行役社長・グループCEO、みずほ銀行取締役

<社外ポスト例>

全国銀行協会会長（2012 年度、2015 年度）

日米経済協議会運営委員（2016 年 11 月現在）

林信秀氏

<役職>

みずほ銀行取締役会長

<社外ポスト例>

金融先物取引業協会会長（2015 年度）

国際親善協会理事（2016 年 6 月時点）

※各役職は 2017 年 4 月 1 日時点。

全銀協の会長職と同じく金融先物取引業協会の会長職も、メガバンク頭取の指定席になっている。２０１７年４月にみずほ会長に就任した林信秀氏（富士銀出身）は頭取だった際、金融先物取引業協会の２０１５年度の会長を務めている。

なお、その翌年度の会長には、当時のＳＭ頭取の國部毅氏が就任している。

その林氏には、名誉職と思われる肩書も多い。そのうちのひとつが「国際親善協会」の理事だ（２０１６年６月時点）。国際交流イベント「ジャパンウィーク」の開催など、国際親善に関わる事業を営む財団で、運営費は一般企業からの賛助金と寄付金、参加登録料によって賄《まかな》われている。「誰もが知っているみずほのトップが財団の理事なら、一般企業からの運営費を集めやすいよね」と想像する人は多いだろう。

「これも名誉職じゃないの?」と思われる役職がもうひとつある。みずほの取締役の藤原氏をはじめ、SMFG社長の國部氏、MU頭取の小山田氏ら著名な銀行家が副代表に名を連ねる「新しい東北」官民連携推進協議会だ。

東北の被災地の復興事業を実施する復興庁（内閣に設置された組織）主導の官民協働の活動なので、たとえ名前を貸すだけだとしても悪いイメージは一切ない。三大銀行の重役3人は断わる理由はないとして、「新しい東北」官民連携推進協議会の副代表を受けることにしたのだろう。

三大銀行の経営陣ともなれば、このように一般の銀行業務とは関係が薄く、より公共性が高い非営利団体の名誉職に就くことが多いようだ。メガバンクが有する安心感や信頼性を借りて事業を進めたい団体にとって、それはメガバンクの「お墨付き」をもらった事業であるかのように感じさせる効果もあるのだろう。

パート2

吸収・合併！

熾烈な再編史

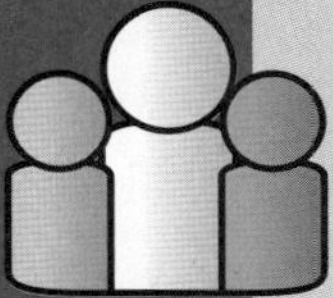

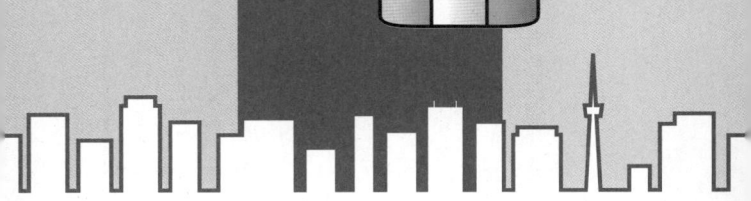

両替商としてスタートした住友銀行と三井銀行

人や物資の往来が活発となった江戸時代、住友家と三井家はビジネスチャンスをつかむ。

三菱東京ＵＦＪ銀行（以下ＭＵ）・三井住友銀行（以下ＳＭ）・みずほ銀行（以下みずほ）——この三行は、日本に銀行が誕生して以来、さまざまな銀行が合併し、ときには吸収してきたことで、現在の姿に至っている。

この三行の源流を探ってみると、ＳＭの発祥が江戸時代までさかのぼることができ、最も歴史が長いといえる。

明治期に設立される住友銀行の元となった住友財閥の歴史は非常に古く、世界最古の財閥とされることもある。戦国時代の１５８５年、越前《えちぜん》国丸岡（現在の福井県坂井市丸岡町）に生まれた住友政友《まさとも》が家祖といわれている。

政友は、織田信長の重臣・柴田勝家の家臣であった住友政行の次男として生まれた。住友家は柴田家滅亡後、武家としてではなく、町民として家系を存続させていく。次男だった政友は仏門に入り、涅槃《ねはん》宗の僧侶となった。しかし、涅槃宗が天台宗に吸収され消滅すると、政友は還俗《げんぞく》せずに法体のまま在野に下り、京都の仏光寺上柳町に、出版と薬の店を開く。

このころ、政友は「文殊院旨意書《もんじゅいんしいがき》」というものを残している。「商事は不及言候へ共万事情ニ可被入候（何事も粗略にせず、すべてのことについて丁寧、慎重に励むように）」など、商人の心得を説いたもので、これは現在でも住友商事グループの事業精神の基礎となっている。

同じころ、政友の姉婿で、銅製錬と銅細工業の「泉屋《いずみや》」を営んでいた蘇我理右衛門《そがりえもん》が「南蛮吹き」という画期的な銅の精錬方法を開発する。理右衛門の息子で、政友の娘婿になった友以《とももち》は、この南蛮吹きの技術を公開し、大坂は銅製錬業の中心となるほど栄えた。

泉屋も南蛮吹きの宗家として大きく発展し、銅の精錬や細工だけでなく、銅の取引も行なうようになり、やがて、糸や反物、砂糖、薬などを扱う貿易商として発展していく。さらに泉屋は、四国の新居浜で1690年に発見された銅鉱脈の採掘権を幕府に認められ、以降、1973年に閉山するまでの280年あまりの間、住友家が経営し、住友家の発展を支えた。

さて、住友銀行の直接のルーツとなる泉屋両替店は、1662年に、友以の次男・友貞《ともさだ》が大坂で開業したのが始まりだ。この両替店は1684年、江戸為替の為替金不納という事故を起こし、一時廃業する。その後、再興し、幕末まで営業を続ける。この両替店は、幕末で一旦閉鎖され、明治時代に住友銀行として再出発することとなる。

幕府お抱えの両替商として発展した「三井家」

一方の三井銀行は、もちろん三井財閥を源流とする。

三井財閥を興した三井家のルーツをたどると、平安時代の大貴族・藤原道長とする説もあるが、もともと近江国《おうみ》（現在の滋賀県）の佐々木氏に仕えた武士が、三井を名乗ったのが発祥ではないかといわれている。

武士を廃業した三井高俊《たかとし》が、江戸時代初期に伊勢国松坂（現在の三重県松阪市）で、質屋と酒屋を商ったのが商家としてのスタートである。

日本を代表するような巨大財閥へ発展したのは、高俊の四男・高利《たかとし》の存在が大きい。高利は、1673年、伊勢から江戸へ出て、江戸本町1丁目、現在の日本銀行のある辺りに「三井越後屋呉服店」を出店。「店前現銀《たなさきげんきん》(金)掛値なし」という新商法で大当たりする。

当時、大店《おおだな》といわれるような大きな店舗では、得意先に見本や商品を持っていき、注文を取ったり売ったりする「見世物商い」や「屋敷売り」という売り方が普通だった。一見《いちげん》の客はいくらお金を持っていようとも、商品を買うことはできなかった。価格も通常の相場よりも高い値段をつけ、値引き交渉で下げていくというのが当たり前で、さらに、支払いは盆と暮れの年2回のツケ払いであった。

高利の店前現銀(金)掛値なしという商法は、お金さえ持ってくれば、店で選んだ反物をその場で、定価で買えるという、斬新な販売方法であった。この商法で大きく成長した三井越後屋呉服店が、その後の「三越」につながっていく。

呉服店として大きく成長する三井越後屋呉服店だが、江戸と上方の為替送金(現金を直接輸送するのではなく、両替商に現金を払い、為替手形を発行してもらい、それを受け取ったほうが、発行した店の別の店などで、手形の支払いを受ける仕組み)の便宜のため、1683年、駿河町《するがちょう》(現在の東京都中央区)に「三井両替店」

を開店する。江戸時代、江戸では金、上方では銀が流通していたため、ただお金を送金するだけでも、貨幣相場や為替の動きが関係してしまい、非常に煩雑で複雑なものであった。したがって、東西でお金をやり取りする大店が両替商を兼業することはよくあった。

このころ幕府は、西日本の直轄地から送られてくる年貢米や物産品などを、大坂で販売して換金し、それを江戸まで現金輸送していた。ところが、現金をそのまま輸送するのは人足を雇う手間がかかるうえ、盗難などの危険性も伴う。そこで高利は現金輸送に代わる方法として、為替送金を幕府に献策する。

結果、1691年に三井両替店は幕府から「大坂御金蔵銀御為替御用」を命じられ、幕府の為替御用方としてその地位を確立する。

三井は大坂で受け取った幕府の公金を、江戸の越後屋の売上から納めていたが、公金には利子はつかないものの、その受け取ったお金の運用による利回りで大きく儲けた。この御用は幕府が倒れるまで続き、三井銀行の源流となった。

江戸時代の住友・三井両家の家系図

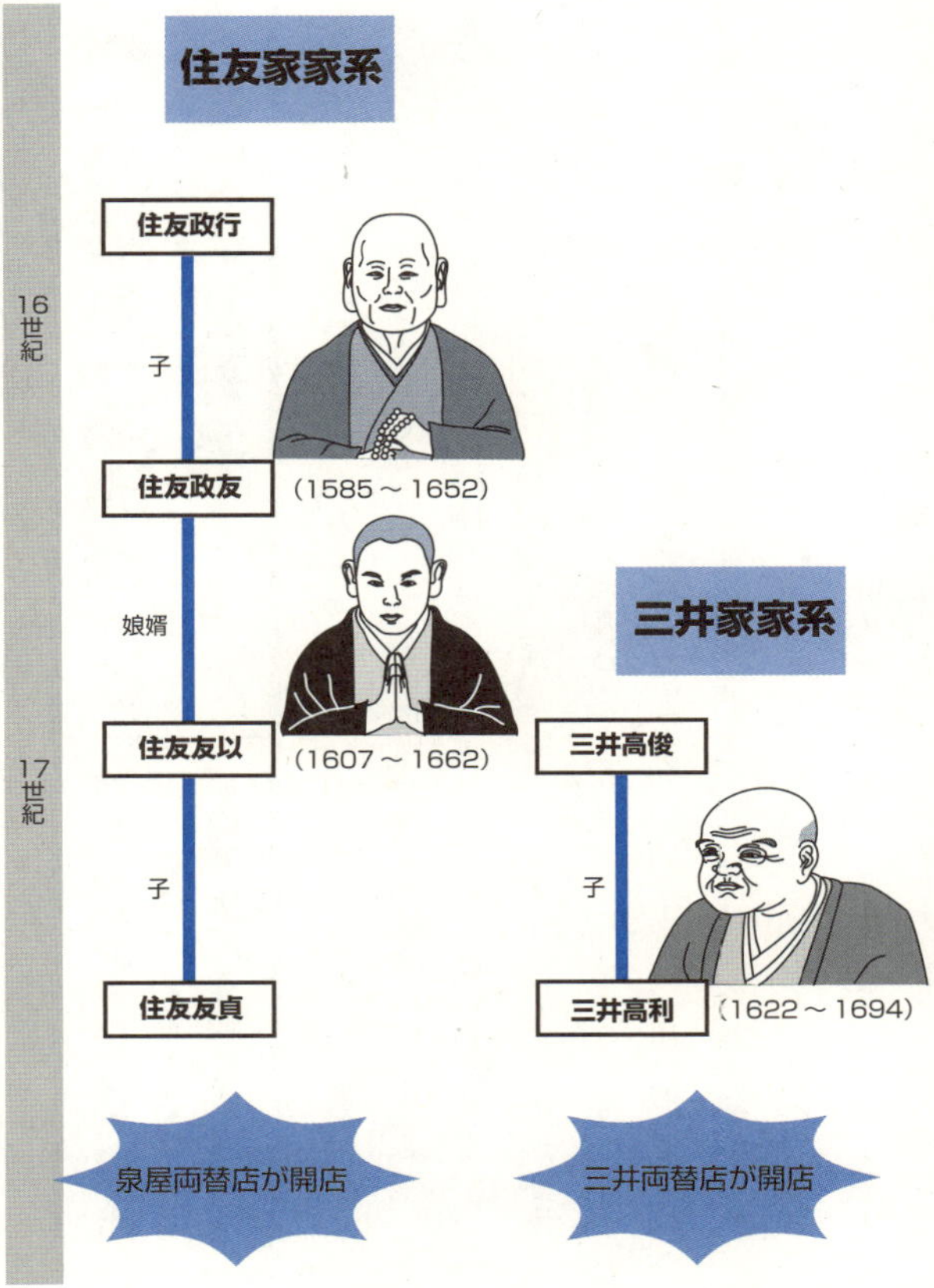

大坂一の豪商「鴻池家」と三菱財閥の創始者

MUと縁が深い鴻池家と、MUの生みの親ともいえる岩崎彌太郎を紹介する。

ここではMUの源流のひとつである「三和銀行」の前身である「鴻池《こうのいけ》銀行」と、MUにその名を残す「三菱銀行」の原点を三菱財閥創始者・岩崎彌太郎《やたろう》からみていく。

明治時代に鴻池銀行を設立する鴻池家は、江戸時代、上方一といわれるほどの豪商だった。その家系をたどると、戦国時代に活躍した忠臣・山中鹿之介の名がある。

山陰地方を中心に勢力を伸ばしていた戦国大名の尼子《あまご》氏は、1578年、毛利氏に滅ぼされる。尼子氏の再興のために奮闘した鹿之介の子・幸元《ゆきもと》は伊丹《いたみ》の鴻池村へ落ちのびる。その地で幸元は酒造業を営み、清酒を開発して莫大な富を築く。

その後、一族は大坂へ進出し、酒を輸送するため海運業を始める。西国大名を中心に輸送を請け負うようになった。そこから各地の大名と取引が生じ、大名貸しや両替商などの金融業を営むにつれ、大坂を代表する豪商へとのぼりつめる。

1656年に両替商を開店した鴻池家の当主は代々、鴻池善右衛門の名前を名乗った。その威勢は幕末になっても衰えず、10代目・鴻池幸富《ゆきとみ》のとき、明治時代を迎える。1877年、幸富は第十三国立銀行の頭取として銀行業を始め、その後、第十三国立銀行は鴻池銀行と名を変えた。

こうしてのちに、鴻池銀行を含む三行が合併して三和銀行は生まれる。

商売人として才能が開花

続いて、三菱銀行と関わりが深い、岩崎彌太郎の人生を紹介していく。

1835年、彌太郎は、土佐国安芸《あき》郡井ノ口村（現在の高知県安芸市）の地下浪人・岩崎彌次郎の長男として誕生した。

岩崎家は郷士（下級武士）であり、暮らしは非常に貧しかった。

けれども、母親の熱心な教育もあり、彌太郎は向学心が人一倍強く育つ。土佐での勉学に飽き足らず江戸へ遊学し、勉強に励んだ。

ところが、江戸に出て1年ほどたったある日、父親がけんかで重いけがを負ったと知らせを受けて土佐に帰国。この事件で彌太郎は奉行所へ訴えるものの、聞き入れられず、憤った彌太郎は、奉行所の壁に「官は賄賂をもってなり、獄は愛憎によって決す」と大書したため、治安を乱したかどで投獄されてしまう。

結局、半年ほど獄に入れられたのち、家名削除、居村追放となった。彌太郎はこの投獄中でも、同じ房にいた商人に算術や商法を学んだという。

井ノ口村を追放となった彌太郎は高知城下に移る。罪をゆるされ吉田東洋《とうよう》の門下となり、同じ門下だった後藤象二郎《しょうじろう》と親交をもつ。

1858年、大老・井伊直弼《なおすけ》の働きで、幕府が日米修好通商条約を調印したころ、土佐藩で東洋が要職に復帰し、門下であった彌太郎は藩に取り立てられ、海外事情を調査するために長崎出張を命じられた。そこで、彌太郎は長崎湾に浮かぶ無数の蒸気船や製鉄所などを目にする。

だが、異人との情報交換のための会食が、次第に公私混同の乱痴気さわぎになってしまい、彌太郎は公金を散財してしまう。埋め合わせをする金策のため土佐に帰国し、私用で使った分は返済したものの、無断帰国をとがめられて官職を解かれ、その後、不遇の時代を過ごす。

1867年、またも長崎行きを命じられる。そこで、土佐藩の設立した商社「開

江戸時代末期～明治初期の岩崎家家系図

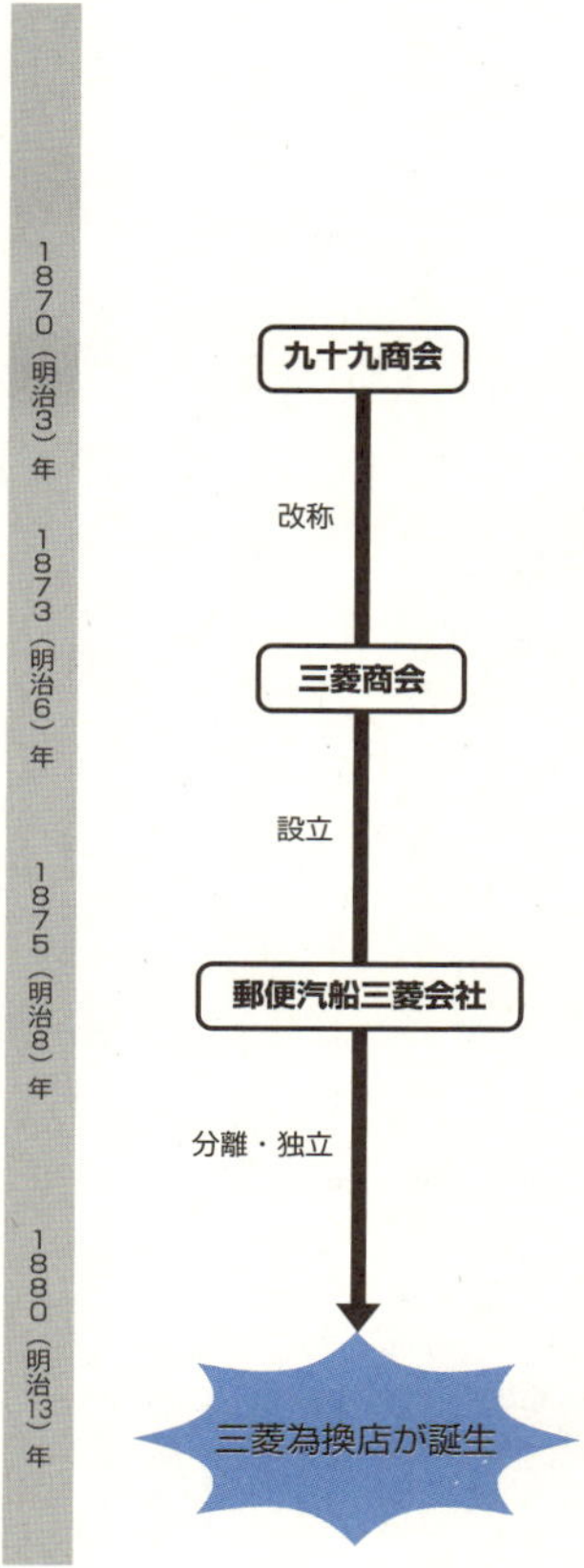

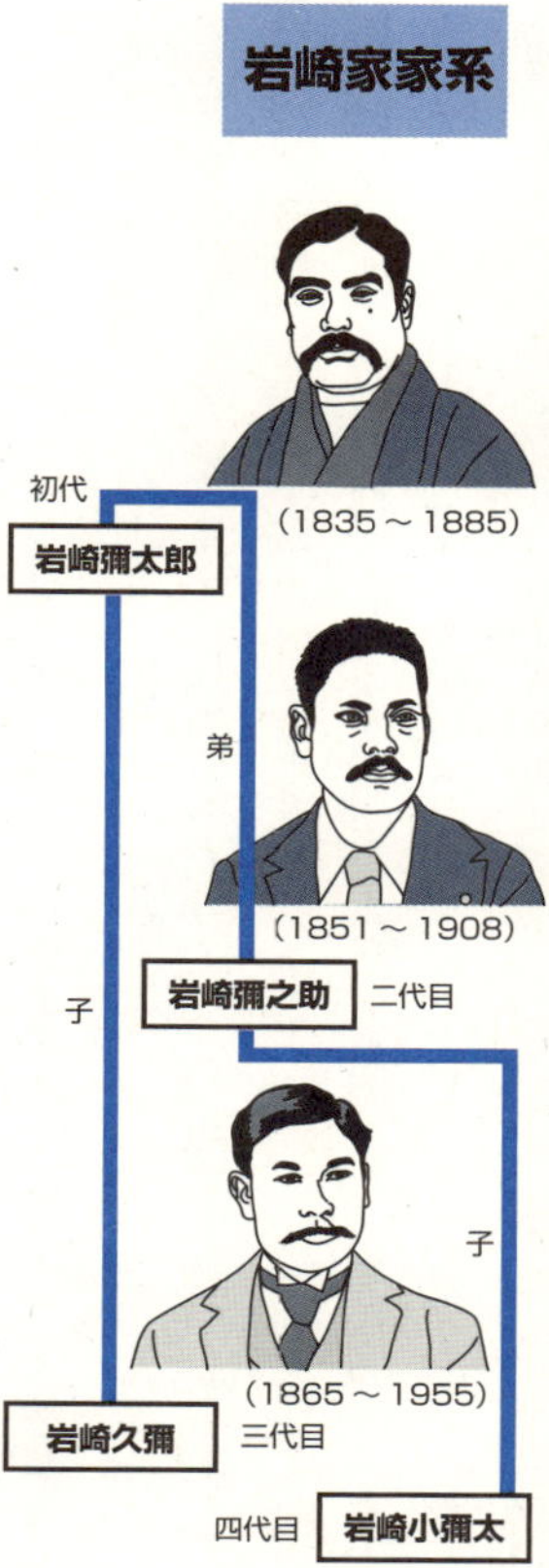

成館長崎商会」の主任となる。

この開成館長崎商会は、海外からの武器弾薬、船舶の輸入、木材やカツオ節などを輸出、販売するなどし、藩財政の助けにしようとしていた。しかし、今まで担当していた象二郎や坂本龍馬のどんぶり勘定で、財政は火の車であった。

一度、長崎で痛い目をみた彌太郎は、精力的に仕事に励む。このころ、取引を行なった人物は、のちの三菱に大きな影響を与える人物が多い。船舶や武器弾薬のブローカーとして商売をしていたトーマス・グラバーは、のちに三菱の下で高島炭鉱を経営し、三菱財閥の相談役としても活躍する。

さらに、経営危機に陥ったブルワリーの買収と再建を三菱にもちかけ、麒麟麦酒（キリンビール）の基礎をつくることになる。また、アメリカ人のウォルシュ兄弟は、彌太郎の弟・彌之助のアメリカ留学に尽力するだけでなく、兄弟が神戸に設立した製紙会社は、のちに三菱が買い取り、三菱製紙となった。

彌太郎が長崎で開成館長崎商会の仕事を任された年、京都では大政奉還が行なわれ、時代は明治へと変わる。とはいえ、藩はいまだに存在し、藩営事業という形で経済活動を続けたが、明治政府はそれを禁止しようとしていた。そこで、土佐藩は九十九《つくも》商会を立ち上げ、藩で行なっていた事業を移管することにした。

九十九商会の主な事業は海運業であり、高知・神戸間や東京・大阪間で貨客船を運航する。彌太郎は土佐藩の少参事に出世しており、九十九商会を監督していた。

1871年、廃藩置県が実施される。このとき彌太郎は、九十九商会の経営を正式に引き受けることになった。当時は、まだ鉄道がなく、輸送の主役は船であったが日本国内の航路にも海外の資本が入りこんでいた。明治政府は、各藩の蒸気船を民間に払い下げ、民間資本の海運業を育成しようとするもうまくいかなかった。

だが、九十九商会は違った。当時、殿様商売で失敗する元武士の事業家が多いなか、低い身分から身を起こし、叩き上げでここまできた彌太郎はまず、顧客のニーズに応えるという商人としての基本ができていた。

積荷顧客のニーズに徹底的に応えるなか、九十九商会は、東京・大阪間の航路でシェアを拡大。彌太郎は、1873年に社名を「三菱商会」に改め、本格的に経営へ参画することとなった。「三菱」の名はこれが始まりである。

そして、三菱商会が設立した郵便汽船三菱会社から荷為替金融の業務を分離・独立させる形で営業を開始した「三菱為換店《かわせ》」が、のちの三菱銀行となっていく。

明治時代初期〜後期

明治維新とともに誕生した官民の銀行

豊かで強い国づくりのために、さまざまな経緯で銀行が乱立し、勃興していく。

幕末から明治維新にかけ、日本の社会の仕組みがドラスティックに変化したのはいうまでもないが、今まであった両替商という商売もまた、その変化のうねりにもまれ、西欧式の銀行として再出発したものが多い。

ひとまずここで、両替商と銀行の違いについて確認しておきたい。江戸時代の両替商は、その名のとおり「両替」をすることがメインであった。つまり、小判や銀などの重たい貨幣から、手数料をとって普段使う銭へ両替する。また、当時は江戸では金、上方では銀と日本国内であっても使う通貨が違っていたため、それぞれの通貨の両替、さらに、手形の発行による遠隔地への送金や貸付なども行なっていた。これらの業務は現在の銀行でも似たようなことが行なわれている。

一方の両替商は、現在の銀行で行なわれている預金業務は扱っていなかった。ただ、大店の商家のような顧客からはお金を預かっていたものの、現在のように利子をつけるわけではなく、逆に預かり賃として手数料をとっていた。

現在の銀行のように、多くの顧客からお金を預かり、わずかばかりの利子をつけて集まったお金をまとめて融資するときには高い利子を取って儲ける……という仕組みとは違っていた。

明治政府は、西欧諸国に比べ遅れていた日本を近代化し、富国強兵を目指し、大急ぎで社会を変革させていこうとしていた。社会基盤を整え、産業を興《おこ》し、社会を発展させ、殖産興業を進める必要があったが、そのためには資金がなければいけない。事業を始めるために必要なお金を貸し出す資本が必要になる。そこで西欧的な仕組みの銀行の必要性は増す一方であった。

明治政府は1871年、新貨条例で「円」を定めるなど、国内の通貨制度を統一するとともに、1872年「国立銀行条例」を発布して、銀行の設立を促すことにした。

国立銀行条例で設立された銀行は、当初、現在の日本銀行にあたる中央銀行がなかったため、金貨との交換義務のある兌換《だかん》紙幣の発行権と、公金（国のお金）の預金業務を行なうという権利を持っており、第一、第二、第四、第五の各銀行が設立された。ちなみに、第三は、設立者の意見が対立したため設立されず、のちに安田銀行が免許を引き継いだ（現在、三重県にある第三銀行とは関係がない）。

日本初となる銀行「第一国立銀行」

日本最初の銀行は「第一国立銀行」といわれる。そのため、今でもこの第一国立銀行の流れを受け継ぐ、みずほの金融機関コードは「0001」となっている。この第一国立銀行設立の経緯をみていきたい。

幕府の金融関係を一手に請け負っていた三井は、明治政府樹立後も、三井組御用所としての役割を引き継いでいた。

明治維新を経て、井上馨《かおる》や渋沢栄一《えいいち》といった政府首脳は、日本にも西欧式の「バンク」の必要性を強く感じていた。渋沢は、三井と、豪商であった小野組に共同での銀行設立をもちかけた。三井も小野も、独自の私立銀行設立を目指していたが、公金取扱特権の剥奪を条件に出されたため、やむなく合意することに。

1872年には「三井小野組合銀行」が設立され、1873年に第一国立銀行と

三行に連なる明治前期の銀行

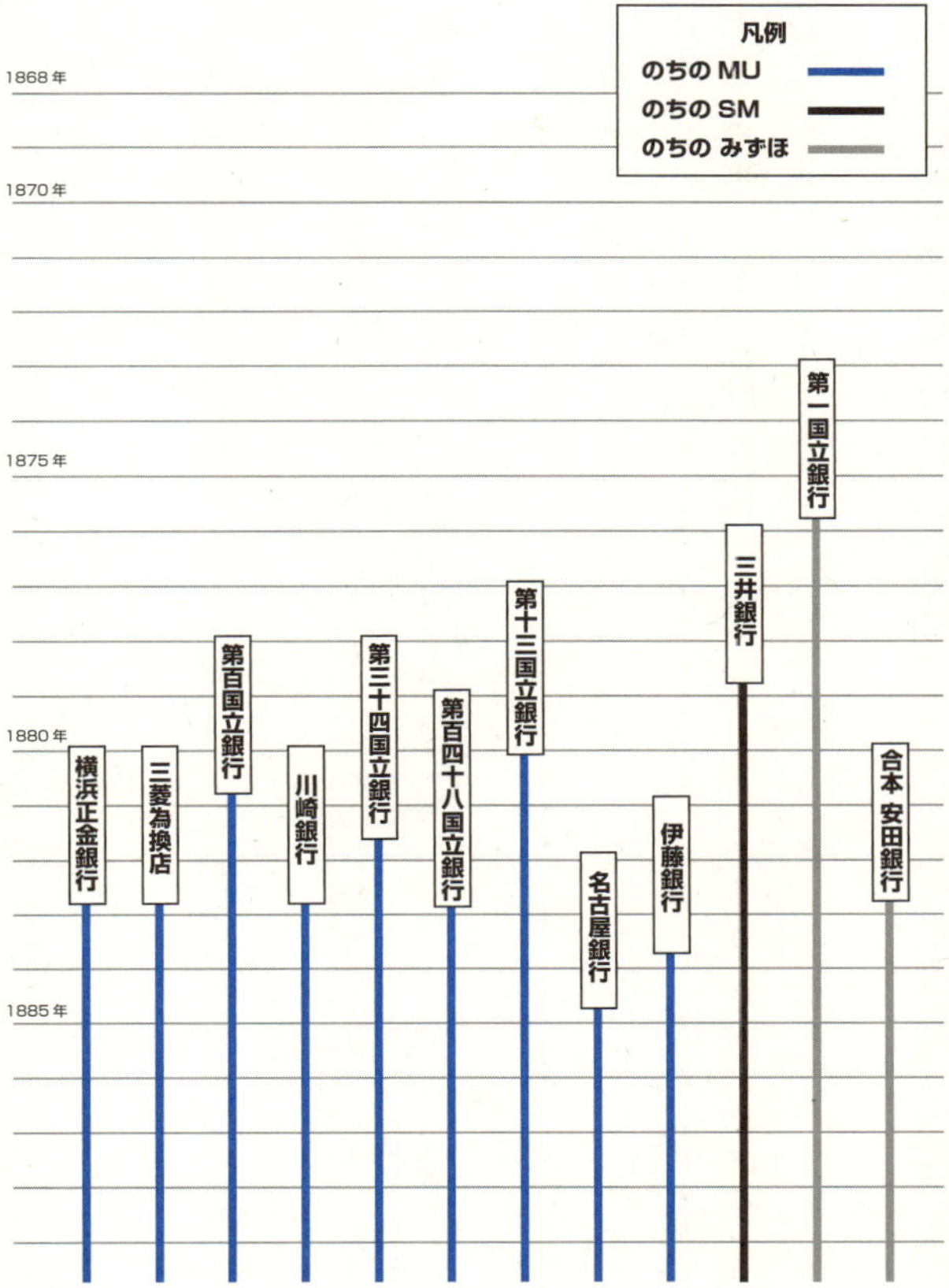

なった。このとき、バンクの訳語を「金行」と提案した渋沢に対し「バンクでは金だけではなく、銀も扱う」と主張し、「銀行」としたのは、三井の大番頭で「中興の祖」といわれる三野村利左衛門《みのむらりざえもん》だった。

ところで、第一国立銀行の名称に「国立」と入っているが、これは「国の法律で設立した」という意味であり、国が設立したというわけではない。1872年の「国立銀行条例」で設立された153近い国立銀行は、すべて民間資本で設立されている。

三井家念願の独自銀行「三井銀行」設立

江戸幕府に引き続き、維新後も明治政府の金融関係の政策などを一手に請け負っていた三井は、独自の銀行設立を考えていた。1872年、日本橋兜《かぶと》町に「海運橋三井組ハウス」を建設した。これは日本初の銀行建築といわれ、5層の和洋折衷の天守のような建物で、当時世間の注目を集めた。しかしその後、渋沢の意向により、三井と小野組が共同で経営する銀行を設立した際、この海運橋三井組ハウスは政府の要請で譲渡することになってしまう。

小野組と共同出資をした「三井小野組合銀行」（のちの第一国立銀行）を設立し

た利左衛門であったが、独自の銀行設立は諦めていなかった。

第一国立銀行の共同出資者だった小野組が、政府公金預かりの担保額増額に耐えきれずに倒産したのを機に、第一国立銀行を三井の銀行にしようと企図する。だが、逆に渋沢は第一国立銀行を三井から独立させるための組織改正を画策。そのため利左衛門は、第一国立銀行の業務から手を引き、1874年、日本橋駿河町に「駿河町為換《かわせ》バンク三井組ハウス」を建設。このバンクは、1876年に明治政府から認可され、「三井銀行」となった。国立銀行以外で銀行を名乗ったのは、三井銀行が最初である。

安田善次郎が設立した「安田銀行」

みずほのルーツとなる銀行のひとつ「富士銀行」。その前身は「安田銀行」である。この安田銀行は、幕末から明治時代にかけて財を成し、安田財閥を築き上げた安田善次郎《ぜんじろう》のつくった銀行だ。

1838年、安田善次郎は越中《えっちゅう》国（現在の富山県）の下級武士である安田善悦《ぜんえつ》の子として生まれた。安田家は、武士といっても士分の株を金で買った武士で、しかも御長柄という足軽の最下層の身分であった。子どものころ、雪のなか、上級武士に出くわして土下座する父、その上級武士を駕籠《かご》脇に従えた大名貸しをしている両替商の店員を見て､将来はお金を儲けて「千両分限」の金持ちになると誓ったという。

善次郎は、商売をするために、江戸へ出たいと何度も家出するが、そのたびに連れ戻されたりした。三度目の正直で、父親を説得して江戸に出た善次郎は、玩具店や乾物店などに就職し、商売の基礎を培った。そして、1864年に独立。日本橋人形町通りに乾物店兼両替商を開店した。

この店は明治維新を経て「安田商店」と改称し、当時まだ信用力がなかった明治新政府の不換紙幣や公債を積極的に引き受け、その流通を助けることで、業績を伸ばしていく。

1880年、安田商店は「合本 安田銀行」に改組され、ここから安田銀行・富士銀行の歴史がスタートする。

別子銅山に代わる事業へと「住友銀行」が成長

SMの元となった銀行のひとつ「住友銀行」はどのように成立したのだろうか?

三行に連なる明治後期の銀行

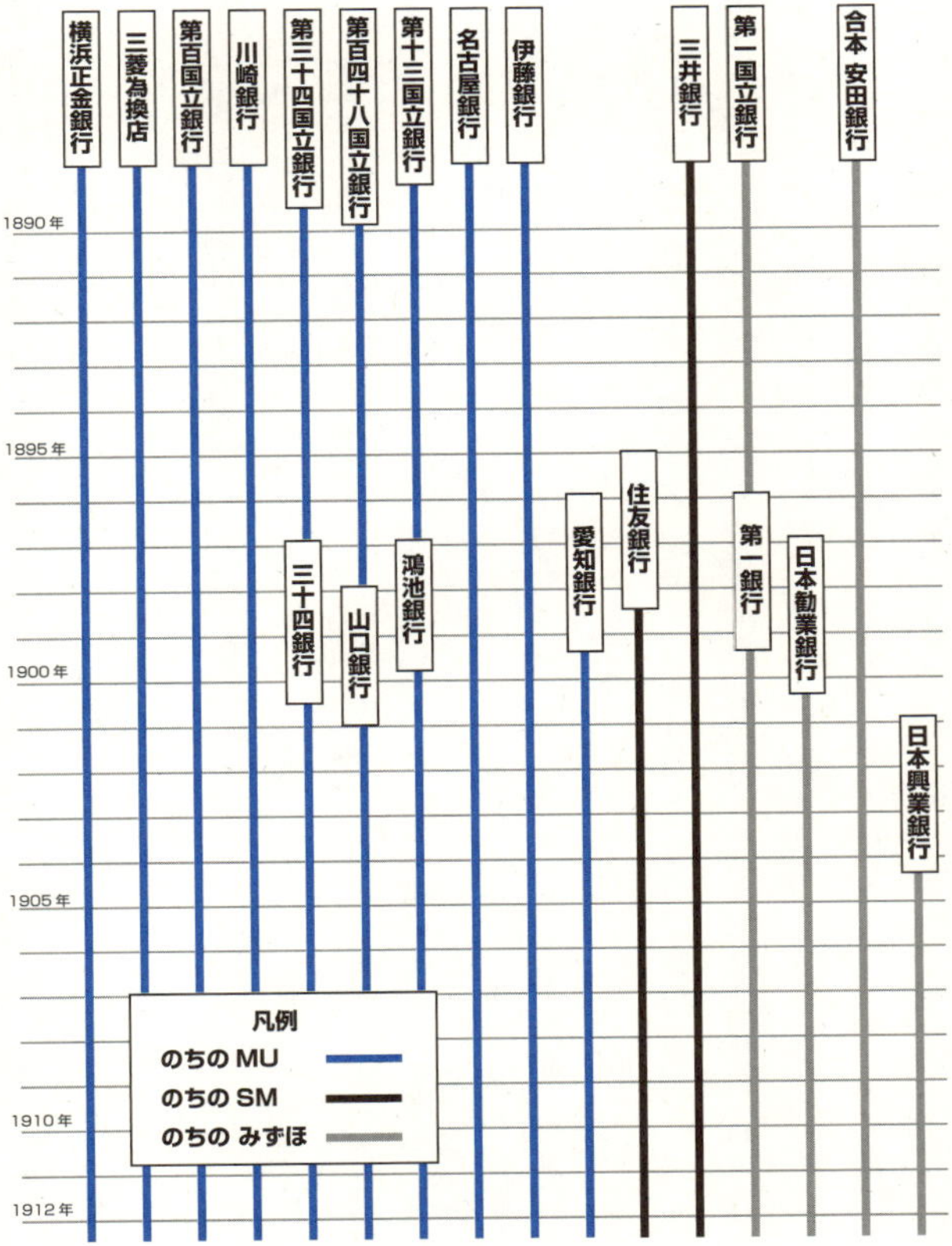
横浜正金銀行
三菱為換店
第百国立銀行
川崎銀行
第三十四国立銀行
第百四十八国立銀行
第十三国立銀行
名古屋銀行
伊藤銀行
三井銀行
第一国立銀行
合本 安田銀行
三十四銀行
山口銀行
鴻池銀行
愛知銀行
住友銀行
第一銀行
日本勧業銀行
日本興業銀行
1890年
1895年
1900年
1905年
1910年
1912年
凡例
のちの MU
のちの SM
のちの みずほ

住友銀行設立の経緯を追ってみたい。

１８９１年、山陽鉄道尾道駅（現在のＪＲ尾道駅）が開業する。尾道は、瀬戸内海を挟んで住友家が経営する別子《べっし》銅山のある新居浜《にいはま》と向かい合っており、阪神間と別子銅山を結ぶ中継地点として重要な町となった。

住友家は銅山で使用する資材の調達のほか、並合業（商品を担保にして預かり、お金を貸し出す業務）をする目的で、尾道に住友尾道支店を開業し、住友家の別邸も設けた。さらに１８９３年には新居浜、尾道間の定期航路も開設し、住友家にとって尾道は重要な町になっていく。

当時、住友尾道支店の店長だった上村喜平《きへい》は、銀行の必要性を強く感じ、並合業を脱して、近代的な銀行を設立すべきと、住友本店の支配人に提言した。提言を受けた住友家15代家長・住友友純《ともいと》は、１８９５年5月4日、住友尾道支店で、のちに「尾道会議」と呼ばれる会議を開き、銀行の創設を決議する。そして、同じ年の11月には、大阪に個人経営の銀行として住友銀行を設立、開業した。

住友銀行は、並合業から発展した関係上、倉庫業も兼営していたが、１８９９年、倉庫業務は分離され、住友倉庫として独立する。

時代は下り、1912年には株式会社化。株式会社住友銀行として全国展開し、別子銅山に代わる住友財閥の中心的存在となっていく。

土佐藩の事業から発展した「三菱銀行」

今度はMUの元となった三菱銀行について、明治時代での動きを追う。

三菱銀行は、九十九商会が海運業を行なうなかで顧客サービスとして始めた金融業務が出発点になっている。三井や住友といった両替店から発展した銀行とは、その始まりが少し違っている。

明治維新後、土佐藩が設立した九十九商会の運営を任された岩崎彌太郎は「荷為替手形」の取扱いを始めた。荷為替手形とは、遠隔地との取引をスムーズに行なうための代金決済の仕組みだ。商品の買い手と売り手、海運会社と銀行が、それぞれの信用で手形のやり取りをするわけだが、物資を運ぶのと、手形のやり取りの部分を三菱が担ったわけである。

九十九商会はのちに三菱商会となり、海運部門は郵便汽船三菱会社となったが、金融業務は1880年にそこから独立し「三菱為換（為替）店」となった。

１８８５年、郵便汽船三菱会社が競合相手の共同運輸と合併し、日本郵船となったのを機に、三菱為換店は一旦廃業する。従業員のほとんどは、三菱が経営権を手に入れた第百十九国立銀行に移籍した。第百十九国立銀行は、１８７９年、旧臼杵《うすき》藩士族の金禄公債《きんろくこうさい》証書などを元に東京で設立された銀行で、初代支配人はのちに「三菱財閥の金庫番」と呼ばれる三村君平《くんぺい》が務めていた。

１８９５年、三菱合資会社に銀行部が設置され、第百十九国立銀行の業務は次第にそちらへ継承されていく。そして、１９１９年、「三菱銀行」が設立される。

丸善が設立に関係した「横浜正金銀行」

日本が明治維新を迎えたころ、いまだ外国為替取引の仕組みは整っておらず、日本が不利益を被るような貿易決済がたびたび行なわれた。その不利益を軽減し、現金（正金）決済をするための銀行が横浜に設立される。ＭＵとなった「東京銀行」の前身「横浜正金銀行」である。

横浜正金銀行の設立には、ハヤシライスの考案者との説もある早矢仕《はやし》有的《ゆうてき》が関わっている。有的は１８６９年、横浜に書店「丸屋」を開業する。洋書のほか、医療器具などの輸入販売も手がけ、東京、大阪、京都などに店舗を拡大し、1873年、屋号を「丸善」に改称する。1879年、書籍販売で得た顧客を相手に丸屋銀行を開業するも、1884年に破綻。早矢仕は責任を取り辞任する。その後、丸善は書籍、文具の販売に専念することで経営を再建した。

一方、丸善商社で会長を務めた中村道太《みちた》は、福沢諭吉や井上馨の支援を受け、新銀行設立を計画、1880年、横浜正金銀行を設立し、頭取に就任した。このときの設立発起人22人のなかに、早矢仕も名を連ねている。

1887年、横浜正金銀行条例が制定される。のちのMUの源流のひとつである横浜正金銀行は「大蔵大臣は横浜正金銀行諸般の事務を監理官を派遣して監視する」とされ、政府の監督と保護のもと、日本における外国為替の専門銀行として、香港上海銀行などとともに、国際金融の中心的存在となっていく。

松坂屋が母体となって生まれた「伊藤銀行」

MUの元となった銀行のひとつ「東海銀行」は、名古屋、東海地方を中心とした中部圏に本店を置く唯一の都市銀行であった。その東海銀行の源流となった銀行は伊藤銀行、名古屋銀行、愛知銀行であるが、そのうちふたつの銀行の設立にはひとりの男の存在があった。

江戸時代、尾張藩の御用として藩財政に深く関わってきた伊藤家は、もともと織田信長の家臣であった伊藤祐道《すけみち》が名古屋城下で「いとう呉服店」を創業したのが最初である。1768年、いとう呉服店は江戸の松坂屋を買収し、屋号を「いとう松坂屋」（現在の大丸松坂屋）に改めた。

明治維新を迎え、伊藤家は伊藤為替方として公金取扱いを開始し、伊藤家第14代当主・祐昌《すけまさ》は、1881年、名古屋初の私立銀行「伊藤銀行」を設立した。

祐昌は同年、名古屋商法会議所の初代会頭に就任し、名古屋の経済だけでなく、名古屋博物館館長などの公職を務め、地元に貢献した。なかでも、大きな功績といわれるのが、名古屋城の金鯱《きんこ》の復旧とされている。金鯱は明治政府により天守から外され、見世物として各地を回されていた。その状況を悲しんだ祐昌は名古屋の財界人と話し合い、天守に戻すよう運動を展開し復旧させる。

さらに祐昌は、第十一国立銀行の設立にも関わっている。この第十一国立銀行はのちに愛知銀行となり、東海銀行、三菱東京ＵＦＪ銀行へとつながっていく。

百番目の国立銀行は三菱へ

1872年に出された国立銀行条例によって、150あまりの国立銀行が全国につくられた。これらの銀行は、概ね免許が出され、設立した順番どおりに番号を冠した銀行名を名乗ったが、その百番目となった「第百国立銀行」は、現在のMUへとつながっている。

国立銀行は、士族や華族に支給された金禄公債などを元に設立された銀行が多いが、第百国立銀行は、鳥取藩の池田侯爵家を中心として、原六郎、川崎金三郎、安田善次郎が発起人となって1878年に設立された。

初代頭取に就任した原は但馬国（現在の兵庫県）出身の元志士で、幕末には、千葉道場に出入りし、坂本龍馬と親交を結んだといわれる。維新後はアメリカやイギリスに留学し、経済学、社会学、銀行学などを学び、1877年に帰国後、第百国立銀行の設立に関わった。

なお原はこののち、銀行経営の知識を買われ、破綻の危機に陥っていた横浜正金銀行の第四代頭取にも就任している。

さて、第百国立銀行は、1898年に国立銀行から普通銀行に転換し、株式会社第百銀行としてスタート。その後、川崎第百銀行となり、昭和時代に三菱に買収されるまで続く。

特殊銀行としてスタートした官営銀行

現在のみずほへと連なる銀行のひとつに「日本興業銀行」がある。この銀行は、もともと重工業の振興を目的に設立された特殊銀行であった。

1897年に、農商務省の官僚だった前田正名《まさな》の発案により、農工業の振興を目的とした日本勧業銀行が設立された。しかし、この銀行の融資対象は、農業や軽工業がメインであった、そのため、日露戦争を契機に急成長し始めた、製鉄や造船といった重工業の旺盛な資金需要に応える銀行の必要性が叫ばれ、1899年に「日本興業銀行法」が国会に提出された。この法案は、政府の元金保証規定などを巡って紛糾したものの成立し、1900年に公布された。

長期資金の融資にとどまらず、証券・信託機能も備えた特殊銀行として、日本の産業を資金面から支えることになる。

大正時代〜昭和前期

不況のあおり受けて、淘汰されていった銀行

好況と不況に揺れ動いた大正〜昭和前期を、各銀行はどのように乗り切ったのか。

1905年に日露戦争が終結し、その7年後には明治天皇が崩御。欧米列強へ肩を並べようと富国強兵に明け暮れた明治時代が、名実ともに終わった。

1914年、サラエボでオーストリアの皇太子が、セルビア人青年に暗殺されたサラエボ事件を発端とし、ヨーロッパ全土を巻き込む形で、第一次世界大戦が勃発した。

この戦争で、ヨーロッパの為替相場が混乱し、一時的に恐慌状態に陥り、当時日本の主要輸出品目であった生糸の価格が暴落してしまう。

しかし、翌1915年からはロシアなどが軍事物資を日本から購入するようになったアジア市場にヨーロッパの商品が出回らなくなると、日本の商品がそれに取って代わり、空前の好況にわいた。

造船、化学、鉄鋼などの各工業が飛躍的に発展し、農業国だった日本が、工業国として脱皮することになる。だが、この好景気は長く続かなかった。

大戦が終結すると、軍需景気に支えられていた好況は一転して不況となり、日本経済は苦境に立たされることになる。さらに、1923年の関東大震災により、日本経済は大きなダメージを負い、銀行手持ちの手形が決済不能となる事態となった。日本銀行は特別融資を行ない、急場をしのいだが、不況は続く。

その後、震災手形処理に関して、一部の銀行のずさんな経営状況が明らかになり、取りつけ騒ぎが起こる。加えて、当時日本有数の商社であった鈴木商店が倒産するなど、「金融恐慌」といわれる不況に陥る。金融恐慌自体は、田中義一《ぎいち》内閣の支払猶予（モラトリアム）政策でひとまずしずまった。

1929年、首相に就任した浜口雄幸《はまぐちおさち》は金解禁により、日本の輸出を促進し、不況を打開しようとする。ところが、ほぼ時を同じくしてアメリカで株価の大暴落が起こり、世界中で大恐慌が始まってしまう。金解禁と世界恐慌という二重の影響により、日本は「昭和恐慌」という深刻な状況に陥る。これにより、資金力に乏しい、体力のない小さな銀行の破綻が相次ぐ。

各銀行は不況や恐慌にも耐えられるほどの体力をつけるため、合併が盛んに行なわれるようになり、金融資本の独占が進んだ。とくに、三井、三菱、住友、安田、第一は「五大銀行」と呼ばれ、大正から昭和にかけて、これらの銀行の経済界への影響力は大きなものとなっていった。

三菱銀行に吸収・合併された「第百銀行」

鳥取藩、安田善次郎などによって設立された第百国立銀行は、1927年、川崎財閥の中核である川崎銀行と合併し、「川崎第百銀行」となり、加島銀行、所沢銀行、川崎貯蓄銀行、東京貯蔵銀行などを吸収・合併し、1936年には「第百銀行」と改称。当時、貯蓄額では7位の大きな銀行であったが、経営状態は決してよくはなかった。そこで、大蔵大臣も務めた井上準之助の仲介によって、1943年、三菱銀行と合併した。

店舗数が50店舗しかなかった三菱銀行が、98店舗もの支店をもつ第百銀行を吸収合併したことを、当時世間では「蟻《あり》が象を飲み込んだ」といわれた。

この合併により、三菱銀行は預金額3億円以上を擁する大銀行となった。

合併してできた中京を代表する銀行

大正から昭和へかけての不況のなか、地方の小さな銀行は自衛のための合併を何度もくり返した。

1941年に伊藤銀行（くわしくは111ページ参照）、名古屋銀行、愛知銀行の三行が合併して誕生した「東海銀行」もその例にもれない。

愛知銀行は、いとう松坂屋を経営する伊藤祐昌らが設立した第十一国立銀行と、のちに横浜正金銀行を設立する中村道太が勧奨し、豊橋に設立された第八国立銀行を母体とする第百三十四国立銀行が合併し、1896年に誕生した。第一次世界大戦が勃発した1914年から1918年の間に、関戸、一宮、東美《とうび》、大垣、北方《きたがた》、枇杷島《びわじま》の各銀行を吸収・合併している。

1882年に名古屋区長・吉田禄在《ろくざい》の旗振りのもと設立された名古屋銀行は1907年から1917年にかけて、津島、笠松、金城などの各銀行を合併、そして伊藤銀行は1940年までに、半田市にミツカン創業家が設立した中埜《なかの》銀行、知多銀行を合併している。

三行に連なる大正〜昭和前期の銀行

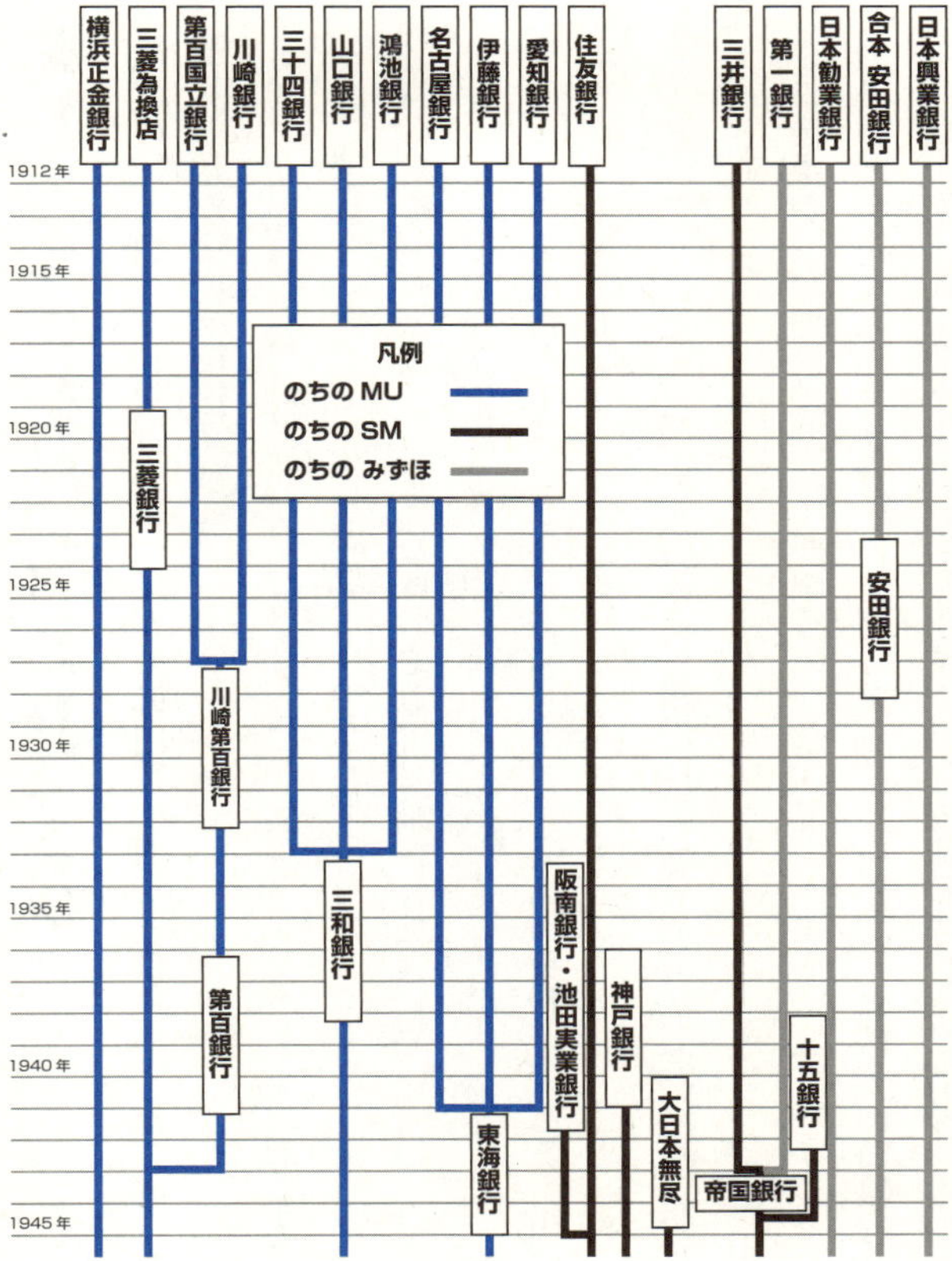

「鴻池銀行」「三十四銀行」「山口銀行」が合併

ＭＵの源流のひとつ「三和銀行」は、ほかの財閥系の銀行とは違い、地方銀行が合併し、規模を大きくした銀行である。

1878年、大阪船場の繊維問屋の有力商人が設立したのが「第三十四国立銀行」（のちの三十四銀行）である。二代目頭取になった官僚で教育家でもあった小山健《こやまけん》三《ぞう》の功績で近代的な銀行となり、堅実な経営で着実に業容を拡大していった。

一方、大阪を地盤とする山口財閥の山口吉郎兵衛が1879年に開業した第百四十八国立銀行の営業権を1898年に継承したのが「山口銀行」である。山口といっても、山口県や現在の山口銀行とは一切関係がない。

そして、1897年に第十三国立銀行が普通銀行に転換したものが「鴻池銀行」である。

1920年後半から合併前まで三十四銀行の経営状態はそこまで悪くなかったものの、金融恐慌と昭和恐慌により資産の伸びは鈍化していた。それは、山口銀行と鴻池銀行も同様であった。しかも、競合相手である住友銀行の伸張は著しいものがあった。

こうして、1933年、大阪を拠点とする三行が合同し、三和銀行は生まれた。

「三井銀行」と「第一銀行」が合併

1930年、景気回復を図るため、金解禁を断行した浜口内閣であったが、アメリカに端を発する恐慌の波を被り、日本の経済状態はさらに悪化してしまう。

そんななか、浜口内閣で大蔵大臣を務めた井上準之助《じゅんのすけ》が右翼団体である血盟団の青年に射殺されるという事件が起こる。血盟団は、団員の一人ひとりが政財界の要人を暗殺するよう目標を定めていた。そのなかには、三井合名会社筆頭常務理事の池田成彬《しげあき》、三井合名会社理事長の團琢磨《だんたくま》も含まれていた。当時、三井銀行を中心とした三井財閥は政界にも深く関わっていたため、一部の右翼から不況の責任の一端を担っていると目されたのである。

1932年3月、井上前蔵相暗殺からわずか1カ月ほどののち、日本橋の三井本館の前で、團が銃撃され、暗殺されてしまう。そして、五・一五事件と、社会は経済だけでなく、社会情勢も不穏な空気に包まれていく。

日本は、不況を脱する輸出振興と失業対策として、満州へ進出。その後、日中戦争の勃発、そして太平洋戦争など、次第に戦時体制へと突き進む。

1938年、国からの要請を受け、当時、三井銀行の頭取を務めていた万代順四《まんだいじゅんし》郎《ろう》は、合併を第一銀行にもちかける。もともと第一銀行は、明治初期に三井両替店が出資してできたという経緯があり、三井銀行とは浅からぬ縁があった。とはいえ、別々の銀行として何十年も経過しているため、なかなか話は進まなかったものの、1943年に合併し、「帝国銀行」となった。この合併により、帝国銀行は預金残高56億円を擁する巨大な銀行となった。

不況下でも預金量を伸ばす「住友銀行」

住友財閥は幕末から明治にかけ、別子銅山だけでなく経営の多角化を進めた。金融事業も成長し、五大銀行のなかでは、唯一大阪に本店を置いていた。

やがて、大正時代の不況や恐慌を迎えると、中小の銀行が廃業や合併で淘汰されていくなか、財閥の後ろ盾をもった住友銀行は預金額を増やし、1920年には3億5000万ほどだった預金が、1935年には9億5000万ほどまでに増加している。同じ大阪に拠点を置いた三和銀行が三行の合併で、やっと11億ほどの預金量であったことを考えると、その規模の大きさがわかるだろう。

住友銀行は、１９２４年に田中興業銀行、１９４５年に阪南、池田実業の二行を併合し、その規模を拡大させている。

震災、不況で不振に陥った銀行を次々と併合

安田善次郎が一代で築き上げた安田財閥は、北海道の道東地方の炭鉱や硫黄鉱山を開発することで、財閥としての規模を大きくしてきた。

大正時代に入り、安田銀行は、鉱山開発などで得た豊富な資金力を背景に、関東大震災などで大きなダメージを受け、続く不況で経営が厳しくなった中小の銀行の支援・合併を行ない、業容を拡大していく。

しかし、１９２１年、神奈川県大磯《おおいそ》の別邸に居た善次郎は、訪ねてきた男に刺殺されてしまう。安田家は長男の善之助が跡を継ぎ、安田銀行は１９２３年、第三、明治商業、信濃《しなの》、京都、百三十、日本商業、二十二、肥後、根室、神奈川の各銀行と大合併し、事業規模では当時日本一となった。

戦後処理で財閥解体の荒波にももまれる銀行

敗戦後、解体された財閥群。その傘下の銀行は、それぞれ新たな道を歩み始める。

1945年8月、日本はポツダム宣言を受け入れて無条件降伏し、戦争が終わった。その後、日本はアメリカを中心とする連合国軍最高司令官総司令部（GHQ）の軍政下に置かれ、再出発することになる。

財閥が日本の軍国主義を経済面で支え、戦争継続のための経済基盤を提供して戦時中であっても莫大な利益を得ていたとみなしたGHQは、財閥を解体することで、日本の再軍備化防止と、戦後賠償をさせることにした。

三井、三菱、住友、安田の四大財閥のほか、鮎川、古河、浅野、大倉、中島、野村を含めて十大財閥、これに渋沢、神戸川崎、理研、日窒《にっちつ》、日曹を加えて十五大財閥とし、これらの財閥の解体を日本に通告する。

このことは戦時中、結果的に戦争に協力した形になったとはいえ、国や軍からの無理な要求ものんできた財閥にとって寝耳に水であった。

ひとまず、自主的な解体案を提出するものの、GHQにより徹底的な解体案が出される。これにより、各財閥の本体は強制的に解散。公職追放により、役員、常務以上の者は全員追放。財閥の子会社や孫会社は持株会社から切り離され、その株式を処分。人の兼職も禁止。そして、財閥一族の持っている株式を10年間譲渡禁止の国債に変換するなどの処分がくだされた。

GHQの一連の処分は、資本の独占や取引の制限などを排除し、商工農金融のすべての業者に競争の機会を平等に与えることで、日本経済の民主化を狙ったものであった。

さらにGHQは、1949年、三菱、三井、住友に、旧財閥の商号、商標の使用禁止命令を通達する。この命令におどろいた三菱、三井、住友は協力し、GHQ最高司令官マッカーサー宛に陳情書を提出。商標、商号の変更に対する影響が甚大なこと、無理やりの変更は貿易上にも著しい障害になることを訴えた。

なお、すでに変更した子会社もいくつかあったものの、サンフランシスコ講和条約発効の際に、この政令は廃止されることになる。

日本の早期復興のため政策を転換

苛烈をきわめた財閥解体であったが、1948年以降、次第にGHQの経済界への対応が変化していく。朝鮮半島での不穏な動き、ソヴィエト連邦、中華人民共和国、それぞれの共産勢力の伸張に対し、「日本を共産主義に対する防壁にする」ため、対日賠償政策の緩和という方向に傾く。日本の経済基盤を奪い、弱体化させるよりも、速やかな復興と経済発展が共産主義への防壁になると考えたのだ。

そして、1950年、朝鮮戦争の勃発により、日本はアメリカ軍の補給基地となり、好景気にわくことになる。

こうした情勢による対日政策の転換などもあり、1950年以降、解体された財閥は、新たに「企業グループ」という形で次々に復活していく。

「帝国銀行」から「第一銀行」が離脱

1945年、米や塩の増産や20万戸の住宅建設などの復興計画を練っていた三井にもたらされた財閥解体の知らせは、信じられないものであった。

三行に連なる終戦から昭和中期の銀行

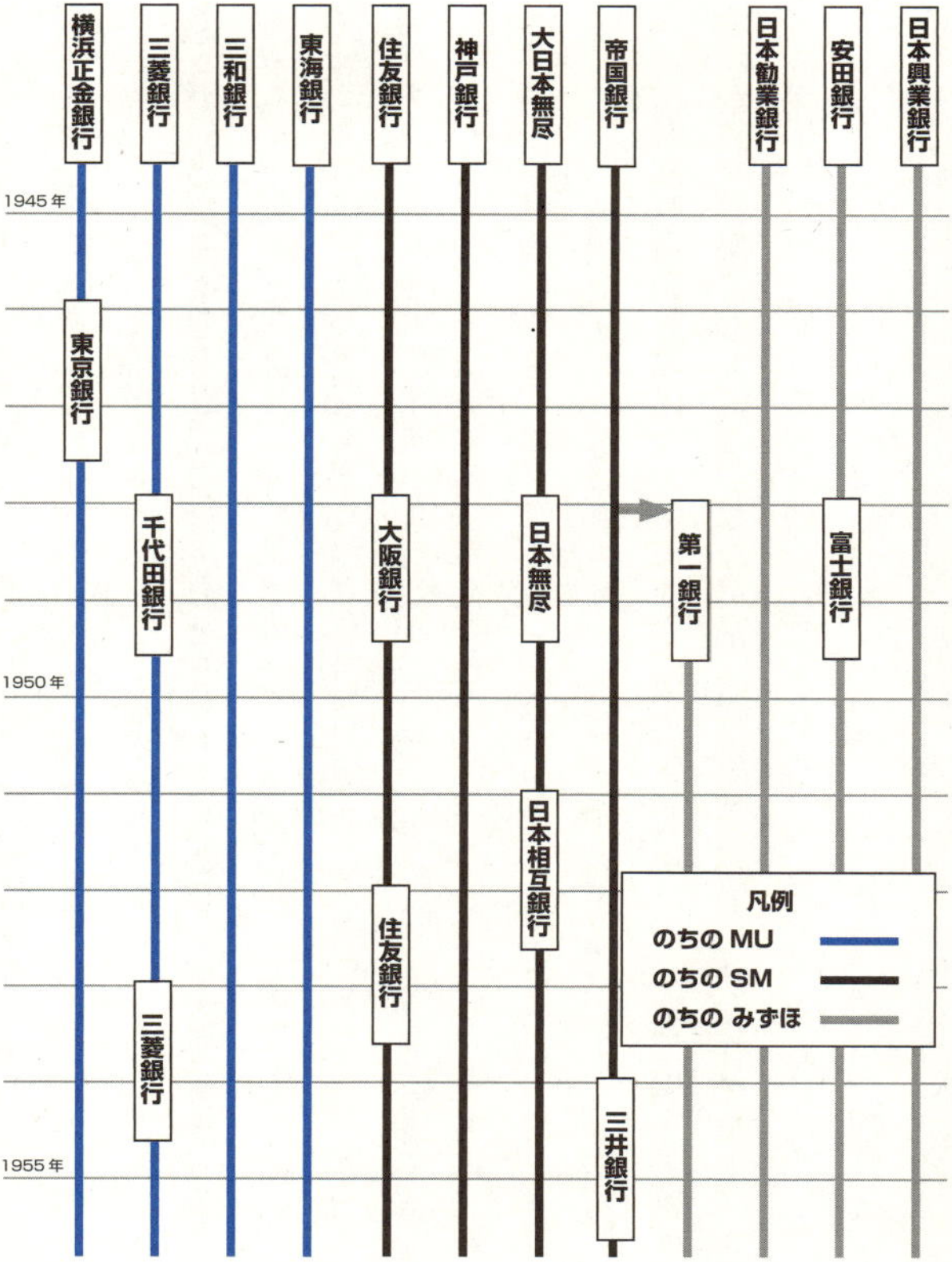

直ちに、筆頭常務理事・住井辰男《すみいたつお》らがGHQのクレーマー大佐の元へ赴き、三井は軍需産業ではなく、商業などの平和産業を中心に発展してきたこと、財閥の経済力が日本復興の力になると説得を試みる。ところがクレーマー大佐は、日本は国力に対して分不相応な海軍力と財閥の経済力を有しているとし、財閥を解体する方針は曲げられないという。加えて、最も大きな三井財閥が最初に解体されれば、ほかの財閥もそれにならうはずだというもくろみがあった。

1945年12月、三井では役員全員が退任し、翌1946年、株主総会の決議で正式に解散。会社の資産を清算する清算会社となった。1673年、三井高利が開業した三井越後屋呉服店以来、273年続いた三井財閥の歴史は終わった。

戦時中に、国の要請により三井銀行と第一銀行と合併して発足した「帝国銀行」だが、じつは財閥解体の対象になっていなかった。GHQは、金融機関を分割の対象にするのか判断を保留していた。ただ、帝国銀行内で、旧三井銀行グループと旧第一銀行グループでは、考え方の違いや経営方針などがことごとく食い違っており、まとまりに欠け、営業成績もかんばしくはなかった。そのため、旧第一銀行グループが出て行くという形で、1948年、「第一銀行」と「(新)帝国銀行」が発足した。

財閥系ではない銀行として、第一銀行は数年ぶりに銀行名を復活させたことになる。

また、旧三井銀行も、GHQから商号と商標の使用の禁止を言いわたされていたところであり、そのまま帝国銀行を名乗ったが、1954年に三井銀行の名称を復活させている。

なお、1961年、三井不動産社長の江戸英雄の呼びかけで、旧三井財閥の関連会社の社長が集まる「二木会《にもく》」という企業グループが発足している。

一時改称するも「住友」の名を復活

住友財閥は、その事業のほとんどが重化学工業であり、住友本社直系の生産会社はすべて軍需会社の指定を受けていた。そのため、各地の工場などはすでに空爆で壊滅状態であり、さらに、戦争終結後には、なんらかの処分はまぬがれないものとして、日本の敗戦が決定的になると、すでに対策を協議していた。住友は新たに商事会社を設立。化学工業は農薬や肥料生産へ、金属工業は車両生産へ、それぞれ転化されることが決議された。

住友本社は、法律上の解散に先立って解散することとし、1946年、処理にあたる役員以外の役員を更迭。主要役員は辞任したことで、住友本社は事実上消滅した。住友政友から250年以上続いた住友の歴史は一旦終止符を打つ。

しかし、財閥解体後の1949年、住友直系の12社の社長によって「白水会《はくすい》」が結成され、横の結びつきは復活している。白水会は、当初秘密の存在であったが、1951年には正式に発足している。名称は、住友家の屋号であった「泉屋」の泉の字を、上下に分けて「白水」としたところからきている。

なお、住友銀行は、GHQの商号使用禁止令のため、1948年、名称を一時「大阪銀行」と変えたが、1952年、住友銀行の名称に復帰している。

旧安田財閥系企業が「芙蓉グループ」を結成

1946年、安田財閥の持株会社である安田保善社は、GHQの解散命令を待たずに自主解散。安田銀行は安田家と一線を画す意図で、1948年に名称を「富士銀行」(以下富士銀)に改称する。その後、法人だけでなく個人向けの預金業務にも力を入れ、〝みなさまの富士銀行〟をモットーに発展した。この富士銀につながりの深い旧安田財閥系の企業が集まり、1964年、芙蓉《ふよう》グループを結成する。

旧三菱財閥系企業が「三菱グループ」を結成

成立以来、国家との結びつきを強くし、政商として大きく成長してきた三菱財閥であったが、財閥解体で三菱本社、三菱商事は解散させられる。

三菱銀行は、三菱の商号の使用禁止を言いわたされたため、1948年、名称を「千代田銀行」に変更するが、1953年には行名を三菱銀行に戻している。

三菱財閥の大きな資産のひとつに、丸の内の不動産がある。この丸の内に所有する不動産は、財閥解体に際して、陽和不動産、関東不動産という不動産会社に分けて管理することになった。しかし、この陽和不動産も関東不動産も、所有する丸の内の不動産価値に比べて資本金が少なく、そこに目をつけた投機集団に株を買い占められるという事件が発生。買い戻すために必要な2億5000万円あまりを三菱銀行が融資することになり、株を無事に買い戻すことができた。

これらの事件ののち、財閥解体でバラバラになっていた三菱グループは、三菱銀行を中心に再び結束を強めていく。そうして、1954年に始まった「金曜会《きんよう》」は、三菱財閥の復活ではなく、各会社の対等な関係によるグループである。

昭和後期

順調な経済成長からたどり着いたバブル経済

政府による金融政策も功を奏し、銀行は融資を積極化。日本は成長経済をつき進む。

資金を供給すべき銀行の足元がおぼつかないようでは、日本の復興はありえない。そこで日本政府は金融機関の間での無駄な競争を排除するため、資金需要の目的ごとに、普通銀行、長期信用銀行、信託銀行、信用金庫、信用組合など、専門金融機関を定めた。そして、各銀行の業務範囲、預金金利、店舗展開などに制限を設け、ほかの金融機関の参入を防ぎ、これらの金融機関を大蔵省が直接管理、指導する保護行政を敢行した。これが効果的に作用し、銀行経営は安定化した。

ここで、戦後の日本経済の動きを追ってみたい。

財閥解体からドッジ・ラインの金融引締め政策により、日本は深刻な不況だった。だが、1950年に勃発した朝鮮戦争の軍需景気で息を吹き返し、鉱工業の生産は戦前の水準にまで回復する。

三行に連なる昭和後期の銀行

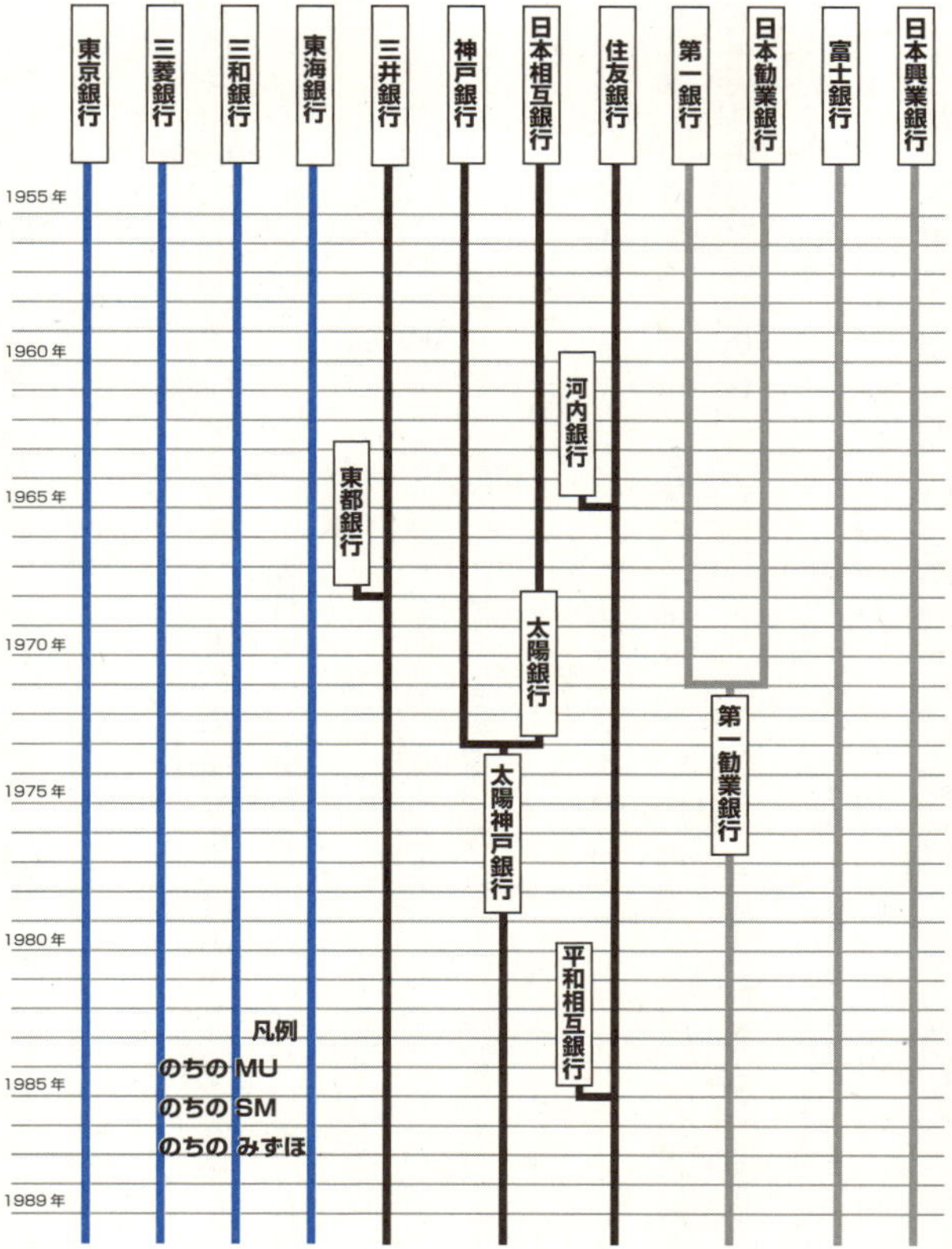
東京銀行
三菱銀行
三和銀行
東海銀行
三井銀行
神戸銀行
日本相互銀行
住友銀行
第一銀行
日本勧業銀行
富士銀行
日本興業銀行
1955年
1960年
1965年
1970年
1975年
1980年
1985年
1989年
河内銀行
東都銀行
太陽銀行
第一勧業銀行
太陽神戸銀行
平和相互銀行
凡例
のちのMU
のちのSM
のちのみずほ

企業はこの特需で得た外貨を設備投資に回し、物資の生産量はさらに増大。また、インフラの復興により、建設需要などの増大と社会基盤の整備が整っていく。労働者の賃金が年々上がるとともに労働者の購買力は高まり、日本経済は上向いていった。その後、短い不況をいくつかはさみつつも、東海道新幹線の開通、東京オリンピックと日本万国博覧会（大阪万博）の開催などに象徴される経済成長は70年代まで続いた。

１９７３年には、第四次中東戦争をきっかけに、激しい物価の上昇が起こる。物価上昇を抑えるため、政府は財政支出の抑制、公定歩合の引き上げなどを実施。物価の上昇は抑えられ、安定成長期に入る。

ところが、70年代後半ごろから、その成長にも陰りが見え始める。１９８５年9月、アメリカ・ニューヨークのプラザホテルで行なわれた先進5カ国による蔵相会議で、ドル高是正のための合意（プラザ合意）がなされ、ドル円相場が円高ドル安となり日本は不況に陥る。そのため、日銀は公定歩合を引き下げ、金利を安くするものの、資金は設備投資などの投資に向かわず、低金利で融資されたお金で土地を購入することが大ブームとなった。いわゆる「バブル経済」の始まりである。

銀行は大手企業などの顧客だけではなく、土地を持つ個人に土地を担保に資金融資の話をもちかけ、マンション経営などを勧めるといった営業を活発化させた。

そんなバブル経済のさなか、1989年、天皇が崩御し、昭和の時代が終わる。

非財閥系の第一銀行と日本勧業銀行が合併

高度経済成長による発展も一段落しつつあった1971年、第一銀行と日本勧業銀行が合併し、第一勧業銀行（以下第一勧銀）が発足した。

第一銀行は戦中、三井銀行と合併し、帝国銀行となっていたこともあったのだが、経営方針などの不一致から、戦後の1948年、第一銀行として分離独立していた。

しかし、1960年ごろから計画されていた金融効率化の第一歩として、当時、資金量が業界6位の第一銀行と、8位の日本勧業銀行が合併することにより、当時日本一であった富士銀を上回る巨大都市銀行が誕生した。

戦後、しばらくなかった銀行の巨大合併の嚆矢《こうし》であり、これ以降、巨大銀行の合併・再編が続き、いよいよ三大銀行へと収斂《しゅうれん》していく。

金融ビッグバンにより三大銀行が誕生

生き残りをかけて各行の思惑がぶつかり、同時期に三大銀行が産声を上げる。

昭和の終わりごろから過熱し始めた土地投機ブームは、地価や株価をどんどんつり上げたが、同時に物価も上がり続けたことで日本政府は対応を迫られた。

だが、1987年のブラックマンデー（同年10月19日月曜にニューヨーク株式市場で起こった大暴落）以降、アメリカの株価が大幅に暴落していたため、アメリカの株価をさらに下げることになる金利の引き上げを実施するわけにいかないと、大蔵省は1990年に「総量規制」を開始する。総量規制とは、不動産業者への融資を規制する行政指導である。

この通達により、銀行は不動産業者などへの資金の貸し渋りや、貸し剥がしなどを次々と行なうようになり、土地の売買がパッタリと途切れた。

土地の売買がされなくなると、途端に地価が暴落。土地売買のために融資していた資金が回収できなくなり、各銀行は莫大な不良債権を抱えることになった。やがて、手持ちの資金もなくなっていき、銀行を含む金融機関は窮地に立つ。

そんななか、1996年、当時の大蔵省が「金融ビッグバン」で大規模な金融制度改革を表明。日本の金融システムを活性化させ、日本市場をニューヨーク、ロンドンに並ぶ地位に押し上げるための各種改革や規制緩和を実施することになった。しかし、これは、それまでの護送船団方式といわれる金融機関の保護行政を終わりにする、ということにほかならなかった。

1997年11月、三洋証券に続き、北海道拓殖銀行、山一證券、徳陽シティ銀行と4つの金融機関が相次いで破綻。翌1998年には日本長期信用銀行、日本債券信用銀行、さらに1999年にも東京相和銀行（現在の東京スター銀行）などの多数の銀行が経営破綻した。戦後、大蔵省の庇護のもと、倒産することはなかった銀行の破綻と倒産が相次ぎ、世間は大きく動揺した。

明日は我が身と、生き残りをかける各銀行は、資金力を増やし、経営体力を増すための合併と再編を余儀なくされた。銀行の統廃合は2000年代まで続き、三大銀行の時代へと突入していく。

みずほの誕生で銀行の再編が活性化

1999年、富士銀、第一勧銀、興銀による全国的統合に関する契約が締結される。そうして2002年、預金量や資本金、店舗数などで国内首位であった安田銀行の流れを受け継ぐ富士銀、国立銀行と特殊銀行の流れを受け継ぐ第一勧銀、半官半民の特殊銀行として成立した興銀の三行が統合し、「みずほ銀行」と「みずほコーポレート銀行」が発足した（2013年にみずほ銀行とみずほコーポレート銀行が合併）。

合併した三行は、いずれも歴史と実績のある銀行であったため、1対1対1の対等合併だった。

ところが、合併後は出身行別に発生した派閥の対立による、人事の混乱があった。そのうえ、旧三行が使用していた勘定系システムの統合がスムーズにいかず、合併時におけるシステムトラブルにより、合併直後や、2011年の東日本大震災の発生の際と、たびたび大規模なシステムトラブルが起こるなど、これらの課題の克服に取り組んでいる。

三行に連なる平成の銀行

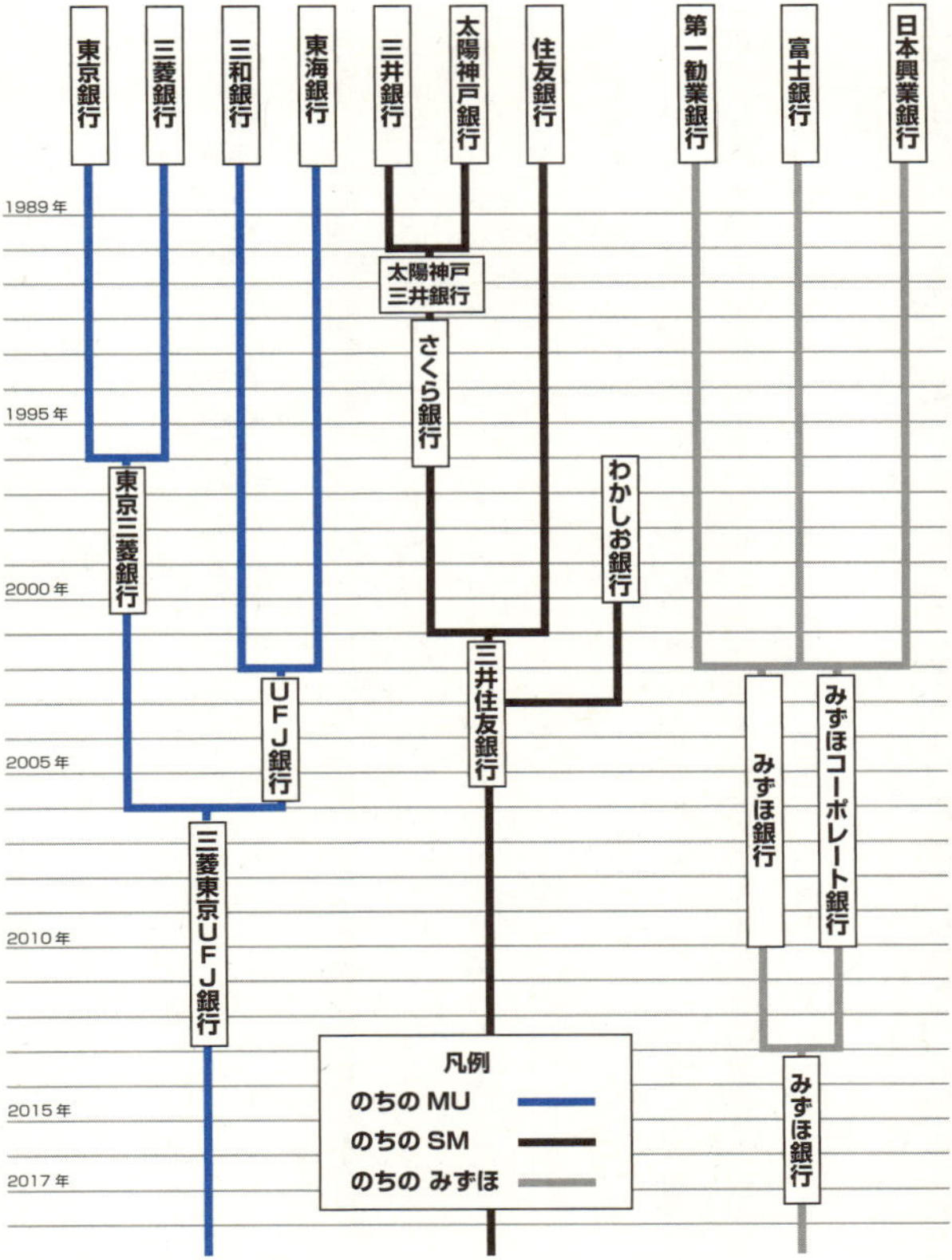
東京銀行
三菱銀行
三和銀行
東海銀行
三井銀行
太陽神戸銀行
住友銀行
第一勧業銀行
富士銀行
日本興業銀行
1989年
太陽神戸三井銀行
さくら銀行
1995年
東京三菱銀行
わかしお銀行
2000年
UFJ銀行
三井住友銀行
みずほ銀行
みずほコーポレート銀行
2005年
三菱東京UFJ銀行
2010年
2015年
2017年
みずほ銀行
凡例
のちのMU
のちのSM
のちのみずほ

その一方で、三大銀行のなかで唯一、全都道府県に支店を置き、宝くじ販売の権利を持つといった旧政府系銀行である利点などを最大限に活かしつつ、みずほは拡大し続けている。

旧財閥の垣根を越えた合併が実現

1990年、太陽神戸銀行と三井銀行が合併してできた「太陽神戸三井銀行」は、1992年に「さくら銀行」へと改称した。

三井銀行は帝国銀行時代に第一銀行と分離し、銀行の規模が縮小していた。そのため、店舗数が多い太陽神戸銀行と合併し、業容を拡大することを狙ったのだ。ところが、合併後にバブルが崩壊し、旧太陽神戸銀行は大量の不良債権を抱えることが判明。旧三井銀行の保有株式を売却して、その穴埋めをすることに旧三井銀行の派閥より不満が募る。人事に関する内紛もあり、さまざまな問題を抱えていた。

一方の住友銀行は、みずほの誕生を前に危機感を抱き、合併による生き残りを模索して、三和銀行とさくら銀行を奪い合う形になる。

当初は三和銀行と、さくら銀行の合併話が進んでいたといわれるが、住宅金融専門会社の不良債権問題にからんで意見が合わず破談になったところを、当時の住友銀行の西川善文頭取が合併を進めたという。

2001年、さくら銀行と住友銀行が合併し、「三井住友銀行」が誕生した。このとき、11年ぶりに三井の名が銀行名として復活したことになる。

合併後、不良債権処理を進める三井住友銀行だったが、保有する株式の下落で巨額の赤字を抱えることになった。この赤字を処理するため、合併前に旧さくら銀行が設立していた「わかしお銀行」と合併し、存続会社をわかしお銀行としたのち、行名を三井住友銀行と変更した。このような合併を「逆さ合併」という。そのため、住友銀行から続く法人格としての三井住友銀行は一度消滅している。

とはいえ、旧財閥の垣根を乗り越えて生まれたSMは、日本の金融業界で確固たる地位を築き上げている。

日本一の総資産を誇るメガバンクが誕生

三菱銀行は財閥解体後、三菱グループの中核企業として発展してきた。バブル景気時も、金融市場への参入が遅れたため、バブル崩壊の影響をあまり受けることとなく、他銀行が多額の不良債権を抱えるなか、比較的ダメージが少なくすんだ。

東京銀行は、戦前に存在した横浜正金銀行の実質的な後継銀行として1946年に普通銀行として発足した。前身となった横浜正金銀行が、貿易金融や外国為替に特化した半官営の特殊銀行だったため、東京銀行も1954年の外国為替銀行法に基づいた日本で唯一の外国為替銀行として営業していたが、1996年、三菱銀行と合併し、東京三菱銀行となった。

UFJは、大阪の鴻池銀行などの流れを受け継ぐ三和銀行と、名古屋の伊藤財閥などが発祥の東海銀行が合併して、2002年に発足した。

しかし、合併したUFJは、ダイエーを始め、多額の不良債権を抱えた取引先が多く、加えて行内の派閥抗争も激しく、わずか4年ほどで東京三菱銀行に吸収・合併されてしまう。こうして2006年、東京三菱銀行、UFJが合併して、「三菱東京UFJ銀行」が誕生したのだった。

規模としては、総資産は約190兆円と世界最大、従業員数も7万5000人と、SM、みずほと比べて、当時からその規模は図抜けていた。その資産力を背景に、海外市場を積極的に広げるなど、日本のメガバンクをリードしている。

パート3

徹底比較！
三大銀行

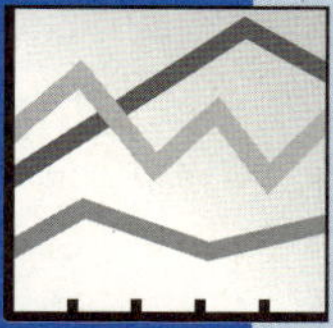

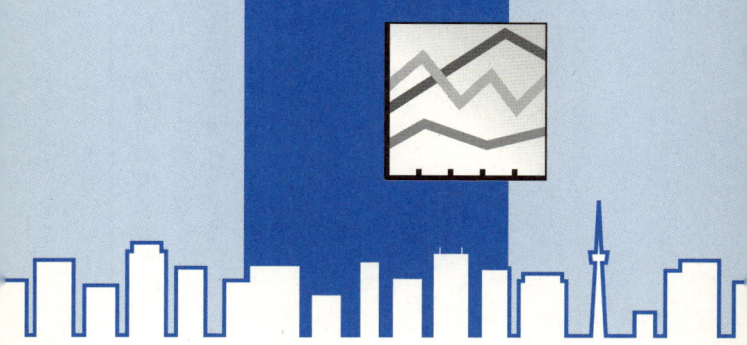

三大銀行を比較①

個性が表れている各行の社是

厳しい金融市場の争いとグローバル化を勝ち残るための目標を標榜している。

どんな企業にも、企業としての方向性や理念を表明した、社是や社訓といったものが存在する。もちろん、三大銀行にもそれはある。

三菱東京UFJ銀行（以下MU）は、中長期的に目指す姿として「世界に選ばれる、信頼のグローバル金融グループ」という目標を掲げている。さらに、この目標を実現するための具体的な方向性として、「お客さまの期待を超えるクオリティを、グループ全員の力で」「お客さま・社会を支え続ける、揺るぎない存在に」「世界に選ばれる、アジアを代表する金融グループへ」という3つのテーマを掲げている。

これを見る限り、世界に広がるグローバル企業であることを強く打ち出しているのが、MUの特徴といえるだろう。また、企業としてのキャッチコピーが「Quality for You」であることから、「クオリティ」というのがMUのキーワードともなっている。

ＭＵは、中長期的に目指す姿とは別に、企業が共有すべき価値観として、「信頼・信用」「プロフェッショナリズムとチームワーク」「成長と挑戦」の3つも掲げている。どれも銀行としては欠かせない要素だ。

みずほ銀行（以下みずほ）が、企業としてのあるべき姿、将来像として掲げている目標は次の3点だ。「信頼No.1の〈みずほ〉」「サービス提供力No.1の〈みずほ〉」「グループ力No.1の〈みずほ〉」。メガバンクのなかでNo.1になりたいという意志が伝わってくる。

みずほもＭＵと同じく、企業が共有すべき価値観を「みずほＶａｌｕｅ」という形で表明しており、それは次の5点。「お客さま第一～未来に向けた中長期的なパートナー～」「変革への挑戦～先進的な視点と柔軟な発想～」「チームワーク～多様な個性とグループ総合力～」「スピード～鋭敏な感性と迅速な対応～」「情熱～コミュニケーションと未来を切り拓く力～」。

これらのうち、「挑戦」と「チームワーク」というテーマはＭＵと共通している。「挑戦」は、厳しい国際金融市場のなかで生き残るために、どの銀行にとっても必須の課題だ。ただ、「チームワーク」に関しては、合併後のゴタゴタが続いたみずほにとっては他行より切実な課題かもしれない。ちなみに、ここで紹介したみずほのビジョンは、銀行だけではなく、みずほフィナンシャルグループ全体のものだ。

株主への配慮を強く打ち出す三井住友銀行

ＭＵやみずほと比べると、三井住友銀行（以下ＳＭ）が掲げるメッセージは非常にシンプル。「お客さまに、より一層価値あるサービスを提供し、お客さまと共に発展する」「事業の発展を通じて、株主価値の永続的な増大を図る」「勤勉で意欲的な社員が、思う存分にその能力を発揮できる職場を作る」の3点だ。

1番目は顧客に向けた、2番目は株主に向けた、3番目は社内に向けたメッセージだ。1番目と3番目は他行とも共通しているが、明確に株主へのメッセージを打ち出しているのがＳＭの特徴かもしれない。当然、他行も株主の利益を拡大することは意識しているだろうが、ビジョンとして掲げているのはＳＭだけである。

それから、社内向けの「勤勉で意欲的な社員」というのは、当たり前といえば当たり前なのだが、なかなか厳しい言葉ともいえるだろう。

三行の社是（ビジョン）

三菱東京UFJ銀行（MUFG）

＜中長期的にめざす姿＞
世界に選ばれる、信頼のグローバル金融グループ

1. お客さまの期待を超えるクオリティを、
グループ全員の力で
2. お客さま・社会を支え続ける、揺るぎない存在に
3. 世界に選ばれる、アジアを代表する金融グループへ

三井住友銀行

・お客さまに、より一層価値あるサービスを提供し、
お客さまと共に発展する。
・事業の発展を通じて、株主価値の永続的な増大を図る。
・勤勉で意欲的な社員が、
思う存分にその能力を発揮できる職場を作る。

みずほ銀行（みずほFG）

＜みずほ＞のあるべき姿・将来像
『日本、そして、アジアと世界の発展に貢献し、お客さまから
最も信頼される、グローバルで開かれた総合金融グループ』

1. 信頼No.1の〈みずほ〉
2. サービス提供力No.1の〈みずほ〉
3. グループ力No.1の〈みずほ〉

シンボルマークに込められた社会に向けたメッセージ

あまり気にしたことはないが、シンボルマークのデザインと配色には意味がある。

普段、何気なく私たちが見ている三大銀行のシンボルマーク。だが、そこには深い意味が込められている。

ＭＵも含めた三菱ＵＦＪフィナンシャルグループ（以下ＭＵＦＧ）のシンボルマークは、複数の円形を重ねたようなデザインとなっている。中央の円は合併により誕生した「新しいグループ」を、外側の交差する円は「国内外への広がり」を表している。そして、この円の重なりには、「グループの総力を結集して生み出す新しい総合金融サービス」と「お客さまと一体感のある親しみやすいサービス」という意味が込められているという。

ＳＭのシンボルマークは、平行四辺形が右上がりに横に3つ連なっているデザインだ。この上昇カーブを描いているマークは「ライジングマーク」と呼ばれており、

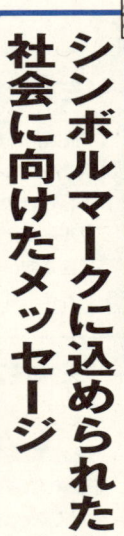

先進的で革新的なサービスを提供することで、顧客、株主、銀行自身の三者が発展していくという願いが込められている。

みずほのシンボルマークは、一見すると文字だけのシンプルなもの。しかし、よく見ると、文字の下に赤い曲線が引かれている。この曲線は、今まさに太陽が昇らんとする地平線をイメージしたもので、社員一人ひとりの強い意思と情熱を表しているという。

各行のシンボルカラーに込められた思い

各行のシンボルマークにメッセージが込められているのは、デザインだけではない。じつは、その配色にも深い意味があるのだ。

MUのシンボルマークは鮮やかな赤を基調としているが、この赤は「MUFGレッド」と名づけられている。つねに最高レベルのサービスを追求し、金融サービスをダイナミックに変えていく活力と、顧客との結びつきを大切にし、顧客一人ひとりと向き合っていく情熱を表しているとされる。つまり、活力と情熱の赤ということだ。また、MUFGのロゴには灰色が使用されているが、これは「MUFGグレー」

と名づけられており、真に頼りがいのある総合金融グループとしての信頼感を表している。

SMの「ライジングマーク」に使われている黄緑色（フレッシュグリーン）は、SMの会社を表すコーポレートカラーでもある。これは、若々しさ、知性、やさしさを表している。そして、そのシンボルマークの背景などに使われている濃い緑色（トラッドグリーン）は、伝統、信頼、安定感を表しているという。

みずほのシンボルマークは、濃い青地に白文字と赤い曲線で構成されている。この濃い青色は「コズミックブルー」と名づけられており、信頼、誠実、ワールドスケール、クオリティを表現している。また、太陽が昇る地平線をイメージした曲線の赤は、英語で「地平線」を意味する「ホライズン」から「ホライズンレッド」と名づけられており、顧客との信頼関係やヒューマニティ、情熱を表すとされている。

改めて説明されなければ、デザインや配色に込められたメッセージを理解することは難しいが、形や色は人間の深層心理に深い影響を与えるものだ。それゆえ、三行ともシンボルマークには、少しでも顧客に安心感や信頼感を与えるようなものを打ち出している。

三行のシンボルマーク

三菱東京ＵＦＪ銀行（MUFG）

「グループの総力を結集して生み出す新しい総合金融サービス」と「お客さまと一体感のある親しみやすいサービス」という意味が、円の重なりに込められている。

三井住友銀行

先進的で革新的なサービスを提供することで、顧客、株主、銀行自身の３者が発展していくという願いが込められている。

みずほ銀行（みずほFG）

いままさに太陽が昇らんとする地平線をイメージするとともに、社員一人ひとりの強い意思と情熱を表している。

順番はどうして決めた？行名の不思議

合併後の悩みのひとつが新会社の名称問題。各行が出した答えとは。

たび重なる合併によって誕生した三大銀行。そのせいで各行の名称には、それぞれ苦労の跡が見受けられる。

たとえば、三井グループのさくら銀行と住友銀行が合併してできたＳＭの英語表記は、「Sumitomo Mitsui Banking Corporation」と住友のほうが先頭に来ている。日本語と英語で表記の順番を逆にすることで公平を期し、対等な合併であると印象づけたかったのだろう。

三菱銀行と東京銀行とＵＦＪ銀行が合併してできたＭＵも、英語表記では「The Bank of Tokyo-Mitsubishi UFJ, Ltd.」と東京銀行が先頭になっている。ただこちらは、ＳＭとは事情が違う。合併前の三行のなかでは東京銀行の規模がもっとも小さかったが、東京銀行は外国為替専門銀行であり、国外では比較的名前が知られていた。そのため、英語表記では先頭となったといわれている。

ちなみに、三菱東京UFJ銀行という名称は、設立当初、あまりに名前が長すぎるということで話題にもなった。設立から10年以上経った現在では、さすがに定着しているが、いまだに駅の案内板などでは「東京三菱UFJ銀行」と間違って書かれていることもあるとか……。いずれ「三菱銀行」と行名を変更するかもしれない。

合併前の名前が残っていないのが、富士銀行、第一勧業銀行、日本興業銀行が合併してできた、みずほだ。

みずほとは「瑞穂」であり、「みずみずしい稲の穂」という意味。『日本書紀』に、日本の美称として「瑞穂国」という表現がある。そこから、日本を代表する銀行を目指すという意味が込められて命名された。英語表記でも、「Mizuho Bank, Ltd.」と非常にシンプルだ。

ところで、SMやMUとは違い、みずほには旧財閥系の名前がない。みずほの前身のひとつである富士銀は、もとは安田財閥系の安田銀行という名前であったことはすでに紹介したとおりだ。第二次世界大戦後、財閥が解体されたことを契機に安田財閥から離れ、「富士銀行」と名称を改めている。

新築？ 移転？ 本店ビルに歴史あり

都心に立ち並ぶ各行の本店ビル。それぞれの来歴を紹介する。

足を運ぶ機会はほとんどないが、当然ながら銀行にも本店がある。三大銀行の本店ともなれば、その規模は別格だ。

ＭＵの本店ビルは、東京駅丸の内南口を出てすぐの千代田区丸の内２丁目に建っている。ＭＵＦＧの本社ビルも兼ねており、地上24階・地下５階構造となっている。１９８０年に竣工した際には、周囲を圧するほどの超高層ビルであったが、その後、周りに次々と高層ビルが建ったため、高さという点では、もうそれほど目立つわけではない。しかし、石材がふんだんに使われた重厚な外観には独特の迫力がある。

１９１９年に創立された、ＭＵの前身である三菱銀行が最初に本店を構えたのも、千代田区丸の内２丁目であった。それから現代に至るまで、ＭＵは東京の玄関口に本店をもっているのである。

SMは、東京と大阪の2カ所に本店がある。東京のほうは、千代田区丸の内1丁目に建つ、地上23階・地下4階の三井住友銀行本店ビルディングだ。もともと、SMの東京本店の機能は、丸の内1丁目の大手町本部ビル（新住友ビル）と有楽町の日比谷三井ビルに分けられていたが、2010年にこの新本店が建てられ、集約された。

一方、SMの大阪の本店は、大阪市中央区北浜4丁目に建つ、住友ビルディングだ。5階建てと、高さはそれほどあるわけではないが、さかのぼること、大正から昭和へと年号が変わった1926年に、住友財閥の総本店として建築されたという歴史のある建物である。第二次世界大戦終結後に財閥が解体されると、GHQに徴収され司令部が置かれたこともあったが、その後、住友銀行本店を経て、現在に至っている。ビル内部に豪華なステンドグラスの天井を擁するこの建物は、「日本の近代建築20選」にも選ばれている。

みずほの本店は、千代田区大手町1丁目に建つ、大手町タワー内にある。大手町タワーは地上38階建ての超高層建築だが、みずほの本店以外にも、高級ホテルやショップが入居する複合施設となっている。このビルが竣工したのは、2014年と比較的最近のことだ。かつてこの地には、みずほ銀行大手町本部ビルが建てられていたが解体され、新たに生まれ変わったのである。その、みずほ銀行大手町本部ビルは、みずほの前身のひとつである富士銀の本店であった。

では、大手町タワーに入る前のみずほの本店がどこにあったかというと、千代田区丸の内1丁目にあり、そこが、みずほ銀行本店ビルと呼ばれていた。ただし、このビルはそれ以前、みずほの前身のひとつである興銀の本店であった。さらに、丸の内1丁目の前は、千代田区内幸町《うちさいわい》1丁目にみずほの本店があった。だが、この内幸町のビルも、もとはみずほの前身のひとつである第一勧銀の本店ビルであった。

つまり、みずほの本店の所在地は、第一勧銀、興銀、富士銀と合併前の各行の本店を順ぐりにめぐっているということになる。

ちなみに、内幸町の旧・みずほ銀行本店ビルは、現在、みずほ銀行内幸町本部ビルとして使用されている。

三大銀行の本店の近くに立ち寄った際には、ぜひ各行の歴史に思いをはせながら、建物を眺めてみてはいかがだろうか。

三行の本店の所在地

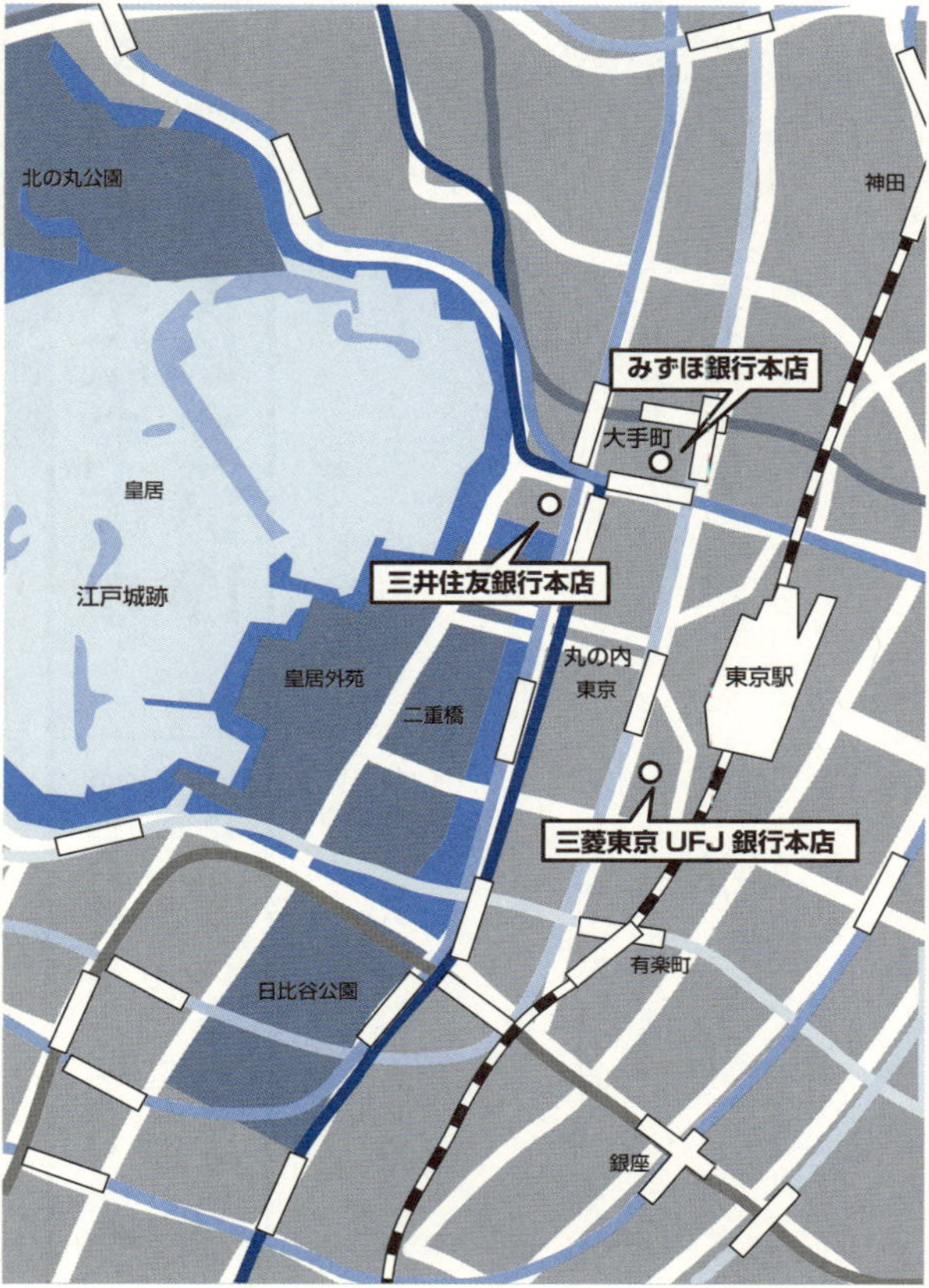
北の丸公園
神田
みずほ銀行本店
大手町
皇居
三井住友銀行本店
江戸城跡
丸の内
東京
東京駅
皇居外苑
二重橋
三菱東京 UFJ 銀行本店
有楽町
日比谷公園
銀座

各都道府県に支店が設置されていない!?

大都市圏に集中している三大銀行の支店。一行だけしか進出していない県も多い。

東京や大阪、名古屋といった大都市圏で暮らしていると、三大銀行の支店などどこにでもあるような気がしてしまう。だが、じつは地方によってはまるで馴染みがなかったりもする。

たとえばMUの場合、東京都には277支店、大阪府には112支店、愛知県には96支店（2017年4月4日時点）もあるのに対し、新潟県、滋賀県、徳島県、長崎県、熊本県などには1店舗しかないのだ。MUの支店が10店舗以上あるのは、東京、大阪なども含めた47都道府県のなかで、わずか8都府県しかない。

東京だと、ほとんどの駅前にはMUの支店があるような印象があるが、地方とはかなりの開きがある。

大都市圏に支店が集中しているのはMUだけでなく、SMも同じだ。そして、M

UとSMの、どちらの支店もない県が複数ある。具体的には、青森県、秋田県、山形県、島根県、鳥取県、高知県、宮崎県、沖縄県の8県だ。また、山梨県、長野県、富山県、福井県、愛媛県、大分県、佐賀県、鹿児島県にはSMの支店はあるが、MUの支店がないという状況である。

そんななか、全都道府県に支店を出しているのが、みずほだ。つまり、青森県、秋田県、山形県、島根県、鳥取県、高知県、宮崎県、沖縄県に支店があるのは、三大銀行のなかで、みずほだけなのである。

みずほが日本全国に支店をもっている理由は、前々身の日本勧業銀行が日本各地の全農工銀行を傘下に収めたからだ。さらに、前身の第一勧銀が宝くじ業務を取り扱っていたことも、理由のひとつだろう。

ちなみに、2016年の時点で、日本国内の人口30万人以上の都市でみずほが未出店なのは、愛知県春日井《かすがい》市のみとなっている。

もっとも、メガバンクの支店が近くになくても、銀行口座の開設はインターネットでも手続きができ、入出金などはコンビニや郵便局のATMでもできる。そういう意味では、支店のあるなしはあまり関係のない時代になっているともいえる。

制服に秘められたイメージ戦略

銀行にとって制服は、安心感や信頼感をアピールするためのアイテムだ。

銀行員というとスーツという印象が強いかもしれないが、窓口業務を行なっている女性行員などの制服姿も馴染み深いものだ。各行の制服にはそれぞれ個性があり、企業としての考え方も反映されているので、その違いは意外とおもしろい。

みずほの女性行員の制服は、春夏服・秋冬服ともにグレー系をベースとしたスーツスタイルが基本となっている。ただ、ブラウスには、赤系と青系の2種類があり、これはロゴにも使われている企業イメージカラーの「コズミックブルー」と「ホライズンレッド」を意識したものだろう。スカーフにも赤色が使われている。

ちなみに、サッカーのブラジル・ワールドカップの際には、窓口業務の行員は日本代表のレプリカユニフォームを着用していたこともある。イベントに合わせて変えることもあるのだ。

エプロン着用が義務づけられた銀行も

ＭＵとＳＭにも制服はある。ところが、その変遷は非常に対照的だ。

ＭＵは２０１０年にコスト削減のため一旦制服を廃止した。だが、２０１６年に男女ともに制服が復活。復活した理由は、制服を着用することで、ひと目でＭＵの行員とわかるようにするためや、店頭に統一感を生み出すことで顧客に安心感を与えるためなどとなっている。

そんな新しい制服のコンセプトは、「信頼感」「清潔感」「親しみやすさ」。具体的には、男性行員は黒を基調にして、そこにダークネイビーの格子柄が浮き彫りになっているデザインだ。ネクタイはＭＵのコーポレートカラーである赤をメインに、ＭＵのシンボルマークが織り込まれている。

女性行員の制服には、ロビー業務用と窓口業務用の２種類がある。ロビー用は、グレーを基調に、そこにコーポレートカラーである赤がワンポイントで入っている。窓口業務のほうは、ネイビーを基調としている。さらに、ロビー、窓口ともに女性用制服にはリボンもついており、ＭＵＦＧのシンボルマークと文字をアレンジしたデザインとなっている。

廃止された制服を復活させたMUに対して、SMのほうは2013年から、女性一般職用の制服を廃止している。その理由は、「東日本大震災後の節電を受け、働きやすい服装を自由に選び、前向きに仕事に取り組めるようにした」というもの。

とはいえ、全面的に廃止されたというわけではなく、ロビーで案内をする行員は制服を着用している。また、顧客への相談業務をする行員はスーツの着用、事務作業をする行員は紺のエプロンの着用が定められている。当たり前の話だが、「働きやすい服装を自由に選び」といっても、Tシャツにジーンズというわけにはいかないのだ。

銀行は信用や安心感が命なので、服装にはほかの業種以上に気をつかわざるを得ない。各行の制服とも色使いが紺やグレーといった落ち着いた色を基調としているのも、顧客に安心感や信頼感をもってもらうためだろう。

それにしても、SMのエプロンというのは斬新で、目をひく。エプロンの家庭的な雰囲気が、お堅い銀行のイメージを緩和してくれるせいか、このSMのエプロンは顧客に概ね好評なようだ。

三行の女性行員の制服の一例

三菱東京ＵＦＪ銀行
「信頼感」「清潔感」「親しみやすさ」を強調したデザイン
三井住友銀行
シックな濃紺、清涼感のある素材を活かしたデザイン
みずほ銀行
企業のイメージカラー「コズミックブルー」と「ホライズンレッド」を取り入れたデザイン

タレント、キャラクター、マスコット起用のねらい

銀行というお堅いイメージ払拭のため、タレントやキャラクターなどを起用している。

三大銀行は、顧客にアピールするために積極的にＣＭを打っている。そのキャスティングにも、それぞれの個性が出ていておもしろい。

ＭＵのＣＭには、阿部寛氏、石原さとみ氏、山﨑賢人氏が出演している。王道の美男美女路線といえるだろう。一方、２０１６年のＳＭのＣＭには、吉高由里子氏と堺雅人氏が出演している。同行の過去のＣＭのキャスティングを見ても、西田敏行氏や桑田佳祐氏が出ていたので、基本的には親しみやすさに加えて強烈な個性を通じたアピールをねらっていると思われる。独自路線をひた走っているのが、みずほだ。同行のＣＭに出演しているのは、玉山鉄二氏、鈴木亮平氏、福士《ふくし》蒼汰《そうた》氏と男性が圧倒的に多い。若い女性客をターゲットとしているのかもしれない。

顧客へのアピールという面では、各種有名キャラクターとのタイアップやオリジ

ナルのマスコット・キャラクターも欠かせない。みずほはハローキティと強力タッグを組み、キティちゃんのイラスト入りのキャッシュカードや通帳などを発行。女性客や若年層にアピールしている。

これに対しMUは、がっちりディズニーとタッグを組んで、通帳、カード類、キャンペーン景品などでディズニー・キャラクターを幅広く活用している。MUとディズニーの関係は古く、なんと半世紀以上前の1962年にまでさかのぼる。

当時、三菱地所が日本へのディズニーランド誘致運動をしており、MUの前身である三菱銀行はその動きに乗って、ディズニー・プロダクションズと版権契約を締結。ディズニー・キャラクターを使用した「絵入り通帳」の取り扱いを開始した。それ以来の関係なのである。

MU、SM、ディズニーの三角関係

もっとも、ディズニーはSMともつながりが深い。ディズニーとMU、SMの関係は少々ねじれているのだ。先に記したように、当初、三菱地所が日本へのディズニーランド誘致に向けて動いていたが、最終的に誘致を実現したのは、競合していた三井不動産だった。そして、三井不動産が東京ディズニーリゾートの運営母体であるオリエンタルランドを設立。その結果、SMが東京ディズニーランドと東京ディズニーシーの園内に唯一、出張所を設置する銀行となったのである。MUは、あれほどディズニー・キャラクターを使っているにもかかわらず、イクスピアリを含む、オリエンタルランドの敷地内に支店・出張所はもとより、ATMを1台も設置していない。

ちなみに、東京ディズニーランド内にあるSMの浦安支店東京ディズニーランド出張所には行員まで配置されており、通常の窓口業務を行なっている。そのため、ディズニーランドへ行ったついでに口座開設をすることも可能だが、ディズニーランド仕様の特別な通帳やカードをつくってくれるわけではないので、ご注意を。あくまでキャラクターの使用権はMUにあるのだ。

そんな理由もあってか、SMは、オリジナルの「ミドすけ」というキャラクターのイラスト入りのカードを発行している。ミドすけはSMのコーポレートカラーである緑色のカワウソで、首には黄緑色のスカーフを巻いている。このスカーフは、同行のシンボルマークであるライジングマークを模しているらしい。ミドすけは、パパすけ、ママすけ、ジィすけ、バァすけといった「ミドすけファミリー」としてキャラクター展開されており、２０１７年にはミドすけとモグラ、ナマケモノ、カモ、スカンク、カエル、ペンギン、ブタといった「ボクと友だち」のＬＩＮＥスタンプ８種が配布された。

もちろん、他行にもオリジナルキャラクターはいる。みずほのマスコットは、ハリネズミをモチーフにした「ハリ田みず吉」だ。なぜハリネズミなのかは不明だが、公式プロフィールによれば、ニックネームはみずっち、好きな食べものは、おにぎりとおせんべいとのこと。誕生日は7月1日で、これは、みずほがスタートした日と同じだ。こちらもＬＩＮＥスタンプとなっている。

ＭＵにも、かつて赤い熊をモチーフにした「アカギさん」と白い犬の「しろまる」というマスコットがおり、ＬＩＮＥスタンプにもなった。しかし、どういうわけか短期間で姿を消してしまう。同行によれば、「任期満了に伴い卒業」「今後同キャラ復活の予定はない」という。最初から期間限定のキャラクターだったようだが、あまりにもあっさりと姿を消したため、一部では〝ゆるキャラの損切り〟と話題になった。

まさに三者三様！個性が表れる社風

客の立場からはなかなか見えない社風。各行の意外な素顔とは!?

銀行というと、どこも真面目でお堅いエリート集団という印象をもってはいないだろうか？　だが、同じ業種でもそれぞれ違った社風というものがある。それは三大銀行でも同じだ。各行の社内の声などを拾うと、意外な素顔が見えてくる。

よく言われるのが、ＳＭは「体育会系」だということだ。統制がとれていて、一致団結する傾向にある。そのため外から見ると、社員一人ひとりの個性が見えづらい。

営業ノルマが厳しく、社内の飲み会やイベントも多いという。営業ノルマが厳しいというと大変そうで、実際、そのプレッシャーにつぶれて辞めてしまう社員も少なくないらしいが、反面、実績を残せば若手でもどんどん仕事を任されるというい面もある。つまり、年功序列ではなく、実力主義ということだ。

また、学閥などによる差別もあまりなく、どこの大学出身者であっても、希望部署に一度は配属してもらえるという。そういう意味では、風通しのいい会社といえるだろう。

もうひとつ、SMの社風としては、融資と回収のスピードが早いということがあげられる。ほかの二行が取引先との信頼を築いたり、調査に時間をかけて慎重なのに対し、SMの決断は早いという。たとえば、取引先が危ないと見るや、すぐに融資を回収するのも特徴で、「逃げの住友」というあだ名があったくらいだ。

一方、MUの社風は、ひと言でいうと「公家集団」である。社内には、難易度の高い国家公務員試験をパスしたが給与面でMUを選んだとか、企業の役員の子息が、将来、自分が会社を継いだときのために入行したなどといった、エリートたちが多数いるらしい。

ただ、公家集団であるため、出世に関しては高学歴の者ほど有利であるなど学歴意識も高いという。そして、実績を挙げることも大切だが、それ以上に、仕事をうまくこなすためには、上司や関係各部署への根回しが非常に重要とされている。

他行に比べて専門家を育てることに注力しているのも、MUの特徴だ。そういう意味では、金融の特定分野に強くなりたい人には向いているが、総合的なスキルを身につけたい人には向いていないかもしれない。

融資の決定に関しては極めて慎重だが、一旦融資をすると決めたら、基本的には貸し剥がしをしないとされている。堅実な企業と、長期的な信頼関係を築くことを重視しているのだ。

みずほの社風は「サラダボール」といえるだろう。要するに、さまざまな素材が集まって、一品とされているが、十分に交じり合ってはいないということである。

富士銀、第一勧銀、興銀が合併してできたみずほだが、商業銀行であり、個人取引にも強かった富士銀と第一勧銀の二行と、日本の「機関銀行」という意識のあった法人取引中心の興銀の間で対立があったと言われる。また、顧客対応がやや官僚的であった富士銀と、ざっくばらんな第一勧銀の相性もよくなかった。

さらにいえば、第一勧銀は1971年に第一銀行と日本勧業銀行が合併してできたが、この合併自体が、そもそもしっくりいっていなかったという話もある。

みずほ誕生後に相次いだシステム・トラブルも、こうした行内の一体感のなさが形となって表れたのかもしれない。もっとも、近年のみずほは、会社一丸となってまとまろうと努力している。

三行の傾向

	三菱東京UFJ銀行	三井住友銀行	みずほ銀行
社風	公家集団	体育会系	サラダボール
学閥	高学歴なほど有利など、学歴意識は高い。	年功序列ではなく、実力主義。学歴の差別意識は低い。	比較的、学歴を重視する。
融資	慎重で、堅実な企業と、長期的な信頼関係を重視。	決断が早く、スピードを重視する。	お得意様との長いおつき合いを重視。

とはいえ、みずほは行内の競争があまり激しくなく、どこかのんびりした雰囲気があるという。一部の役職を除けば、給与も30代まではほぼ横並びだ。

融資に関してもほかの二行と比べるとのんびりしており、新規の営業先を積極的に開拓するというよりも、昔からのお得意様との長いおつき合いのほうを重視しているという。

つまり、厳しい営業ノルマを課されるよりも、多少給料が安くても手堅く働きたいという人に、みずほは向いているといえるだろう。

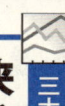

狭いが、広く開かれている三大銀行員への道

それぞれの銀行が求めている人材のタイプは、微妙に異なっている。

この本を読んでいる人のなかには、将来、銀行員になりたいと考えていたり、自分の子どもをメガバンクに就職させたいと思っている人がいるかもしれない。そこで、三大銀行それぞれの傾向を見てみたい（みずほは、みずほフィナンシャルグループ全体での募集）。

まず、選考方法は、書類選考（エントリーシート）、WEBテスト、面接という流れで、各行とも一般企業と変わらない。

面接も経験者によれば、どの銀行でも「なぜ金融を選んだのか？」「当行を選んだ理由」「入行してからやりたいこと」「学生時代に頑張ったこと」などを聞かれるという。この辺も、普通の就職面接と同じだ。あえていえば、「最近興味をもった金融関連のニュースとその理由」を聞かれることもあるので、経済ニュースには目を通しておいたほうがよいだろう。

なお、三行とも面接の雰囲気は比較的穏やかであるという。圧迫面接のようなものは存在しないようなので、銀行だからといって特別に緊張する必要はない。

募集学部・学科は、三行とも全学部・全学科となっている。銀行に入るためには、大学で経済学などを専門に学んでいる必要はないということだ。要するに、大学などで普通に勉強をがんばっていれば、とりあえずは誰にでもチャンスはあるということである。

ここまでは各行とも採用に関して大きな違いはない。だが、募集対象を詳細に見てみると、それぞれに微妙な違いがある。

実力主義をうたっているSM

SMの募集対象は、理系大学院生、理系学部生、文系大学院生、文系学部生、短大生、高専生、専門学校生、既卒者と、とりあえず広く門戸が開かれているが、MUは既卒者が対象となっていない。つまり、新卒しか募集していないということだ。

みずほはさらに狭く、理系大学院生、理系学部生、文系大学院生、文系学部生、専門学校生しか対象としていない。

　次に採用の特徴を見てみると、MUとみずほは、「総合職採用あり」「専門職採用あり」「一般職採用あり」で同じだが、ここでもSMは少し違っている。SMは、「総合職採用あり」「海外留学経験のある学生を積極採用」「外国人留学生を積極採用」と、グローバルな人材をはっきりと求めているのだ。

　待遇・福利厚生・社内制度などでも、SMは独自路線をいっている。三行とも、「教育・研修制度が充実」「時短勤務制度あり」「産休・育児休暇取得実績あり」「完全週休2日制」「社宅・家賃補助制度あり」といった要素は共通しているが、SMはそれらに加え、「実力主義の給与体系・評価制度を導入」というのを明示しているのである。さすがに、学歴不問、実績重視の「体育会系」とされるSMだけのことはある。

　ただし、三行とも採用倍率は50倍程度。就職活動をしている者にとって、どこも狭き門であることに変わりないといえるだろう。

採用までの流れと応募資格等

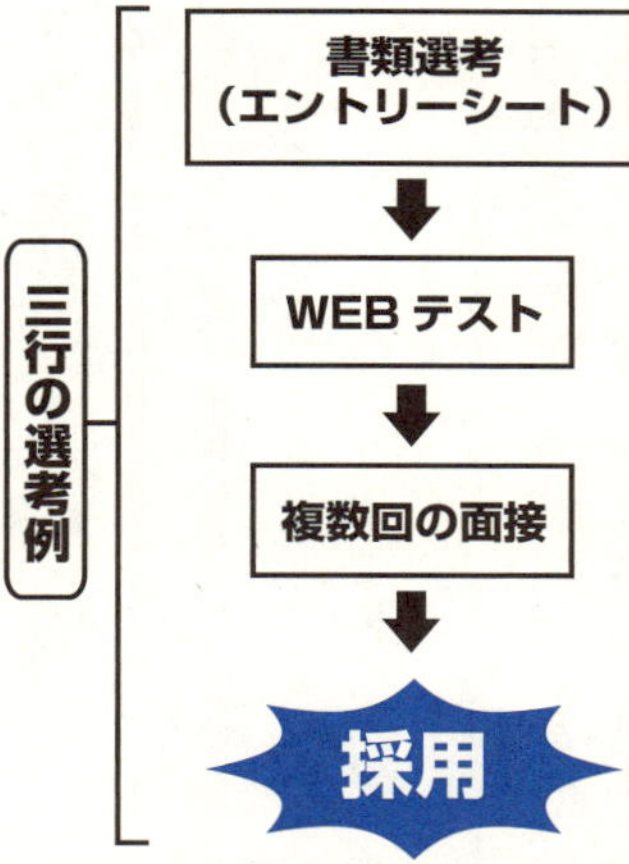

	三菱東京UFJ銀行	三井住友銀行	みずほ銀行※
応募資格	大学、短大、専門、大学院を卒業見込み。	大学、短大、専門、高専、大学院を卒業見込み。または大学、短大、専門、高専、大学院を卒業。	大学、短大、専門、大学院を卒業見込み。または大学、短大、専門、大学院を卒業。
補足事項	総合職採用あり、専門職採用あり、一般職採用あり	総合職採用あり、海外留学経験のある学生を積極採用、外国人留学生を積極採用	総合職採用あり、専門職採用あり、一般職採用あり

※みずほフィナンシャルグループとしての採用情報より。

精神的にも肉体的にもハードな新人研修

試練を越えて銀行員になったあと待ち受けている、厳しい研修の連続……。

三大銀行の行員が高い給料をもらっていることは192ページで紹介するが、その分人気は高く、他業種よりも内定をもらうのは難しい。その難関を無事に突破して入社したとしても、そのあとには厳しい新人研修が待っている。

MUの場合、新入社員は4月上旬に導入研修を受けなければいけない。これは、銀行の社会的意義や、MU及びMUFGの全体像、銀行員の基本動作、情報管理の重要性などといった、銀行員としての基礎を学ぶ研修だ。続いて、4月中旬から6月下旬まで、法人業務研修が行なわれる。ここでは、預金・手形・小切手などの基礎知識、与信基礎・融資実務、財務分析、外為業務など、銀行業務のより専門的な知識を学ぶ。

それ以外にも、この時期には、新入社員が3～5名のチームに分かれて高齢者福祉、障害者福祉、児童福祉など各種福祉施設に出向いて実務を手伝う、ボランティア体験研修もある。多様な人々と触れ合うことでコミュニケーション能力を高めるためのものだ。

これらの研修が済んで各支店などに着任したあとも、まだまだ研修は続く。預金・為替業務と個人向け業務の基本や、融資事務と与信判断業務の基本、外為実務研修などを、今度は現場の業務に携わりながら学んでいくのだ。

もちろん、SMにも、みずほにも、厳しい新人研修は存在している。

SMの場合、入社すると1カ月にわたり同期と寝食を共にしながら、ビジネスマナーや銀行員の基礎知識、三井住友銀行員としての仕事への心構えなどを学ぶことになる。寝食をともにするというのは、大学の体育会系の部活の合宿のようで、なかなかすさまじい。

また、三井住友フィナンシャルグループ（以下SMFG）各社の同期との合同プログラムもあり、座学だけでなくクラス対抗のイベントやグループごとの自主発表などもあるので、グループ全体の同期の結びつきは、とても強くなるという。

みずほも、入社直後にみずほ銀行のみならず、みずほ信託銀行、みずほ証券、みずほ情報総研も合わせたグループ合同の長時間に及ぶ新人研修が行なわれている。その新人研修が終わったあとも、入社1年目、4年目、6年目の若手社員に対して共通研修が実施されている。

絶え間なく要求されるスキルアップ

新人研修のあとも、勉強が続くのはみずほだけではない。MUもSMも同じだ。MUでは、全行員に対して、豊富な自己啓発支援制度や資格取得支援制度が用意されている。具体的には、財務分析、業界分析、相場の見方、証券アナリスト対策講座、パソコン研修講座、コーチング、プレゼンテーションなどのスキルや知識を身につけるための講座、公認会計士・FP技能士などの資格取得者に対して報奨金を支給する制度、各種通信講座、語学レッスンなどを優待価格にて提供する制度などがあるのだ。

SMには「SMBCアカデミー」というものがあり、自宅のパソコンからウェブを通して自己啓発ができるような、社員を対象としたラーニングポータルサイトが開設されている。その中身は、語学力向上ツールやビジネスシーンにおいて活用できるコンテンツなど多岐にわたる。なお、社員が資格を取得した場合、報奨金を出し、勉強にかかった資金負担を一部軽減させるといった資格取得支援制度も充実している。

みずほにも、外部と提携した教育プログラム「みずほユニバーシティ」があり、グループ社員全体に提供している。

具体的な中身は、経営にかかわる知識習得の講義と〈みずほ〉をテーマにしたグループ討議を組み合わせた「みずほＡＭＰ」、ＭＢＡ（経営学修士）で学ぶテーマを集約した講義とケーススタディ・事業戦略策定などについてのグループ討議を組み合わせた「みずほＰＭＤ」、ビジネススキルから資格取得、グローバルなど多岐にわたる分野の能力・知識・スキル開発を目的とし、座学に加えてグループ討議をする「みずほカレッジ」などである。

これらの制度が充実しているということは、スキルアップやキャリアアップを図りたいと考えている熱心な社員にはありがたいことだろう。だが、各行とも社員全員に絶え間ない成長を要求しているということでもあり、気の休まるヒマがないともいえる。

各行が力を入れるグローバルな人材育成

社員のスキルアップとともに、各行が力を入れているのがグローバルな人材の育成だ。MUでは、3カ月間の語学学校通学支援制度やTOEIC受験支援制度、海外での実務研修などが用意されている。さらに、国内外のビジネススクールやロースクールへ1～2年間留学する制度もある。

同じように、SMには国内勤務の総合職と海外現地スタッフの合同による、英語を共通言語とした5日間の研修（事前準備期間5カ月）や、2年間の海外拠点での勤務、2年間の海外大学院への留学、3～6カ月間の英語・中国語など語学研修などの制度がある。みずほにも、専門性の強化や国際的な視野をもつことなどを目的に、海外大学院への留学を公募にて行なう「公募留学制度」が存在している。

入るのが難しく、入ったあともハードな勉強が続く銀行員は、かなりヘビーな仕事であることは間違いない。そういう意味では、給与が高いのも当然といえるかもしれない。

三行の新人研修と自己啓発制度

新人研修	自己啓発支援
三菱東京ＵＦＪ銀行 ４月上旬から銀行の社会的意義や、MUおよびMUＦGの全体像、銀行員の基本動作、情報管理の重要性など、基礎を学ぶ。４月中旬から６月下旬まで、銀行業務のより専門的な知識を学ぶ。	「自己啓発支援制度」 「資格取得支援制度」
三井住友銀行 入社後１カ月にわたり同期と寝食をともにしながら、ビジネスマナーや銀行員の基礎知識、三井住友銀行員としての仕事への心構えなどを学ぶ。	「自己啓発支援制度」 「資格取得支援制度」
みずほ銀行 基礎力強化プログラムに基づき、みずほ FG 合同の、長時間におよぶ新入社員入社時研修会が行なわれる。その後、いくつかの研修を受けていく。	「自己啓発支援制度」 「資格取得支援制度」

脱落か、それとも栄達か シビアな出世スゴロク

入行後に待ち受けている激しい出世競争。勝ち残れるのは、ひと握りだ。

一流企業であるメガバンクに就職しても、そのあとには延々と続く、社内での過酷な出世競争が待ち受けている。ここではまず、メガバンクに総合職で入った行員の一般的な出世スゴロクを見てみよう。

その前に、ひとつ。じつは入行する前から、ある程度、社員の将来性は決まっているという。採用試験の際に面接官がつけた評価を人事部が総合し、それぞれの新入社員を1～4、あるいはA～Cなどにランクづけしているのだ。この評価が高いほど、当然ながら出世には有利だ。

ただ、厳しいことに、この評価は下がることはよくあっても、上がることはほとんどないとされている。ミスをしたとか、行内での人間関係がうまく築けなかったなどということがあると、簡単に評価は1から2へ、AからBへと下がってしまう。

上げるためには、よほど目に見える実績を挙げるか、上司の覚えがよくないと上がらない。銀行は加点主義ではなく、減点主義の世界なのである。そういう意味では、とにかくそつなくこなすということが、銀行で生き残っていくうえでの最重要課題となってくる。

さて、新入社員の99％は、最初は全国どこかの支店に配属される。このとき地理的に本部に近い支店に配属された者ほど、出世が早いという。つまり、都心の支店に配属されれば、将来有望ということだ。配属先の振り分けには、先に述べた入行前のランクづけが影響しているのだろう。

入行5年目ぐらいに行なわれる最初の人事異動で、同期入社の10～20％が本部へ移動する。ここで本部に行ければ、ひとまずエリート・コースに乗ったということだ。

入行7年目ぐらいからは決定的な差が出てくる。同期入行の概ね30％が、「代理」と呼ばれる係長クラスに昇格する。代理になれば、年収850万円程度となり、余裕のある生活を送れるようになる。しかし、この時点で同期の40％は退職しており、また30％は出世の見込みが、ほぼ期待できなくなるのだ。

入行11年目ぐらいに、ふたたび振るい落としがある。代理に昇進した同期のなかの30%ぐらいが、管理職の一番下の役職に昇進するのだ。管理職になれば、年収は1000万円ほどとなる。30代で1000万円ならば、立派なエリートといえるだろう。

だが、出世競争はまだまだ終わらない。15年目ぐらいに三度目の選抜があり、ここで同期のトップクラスが課長クラスへと昇進する。課長クラスになれば、年収1200万円程度となる。

さらに20年目ぐらいに四度目の選抜があり、次長に昇進できれば年収は1500万円前後となり、役員への道も見えてくる。とはいえ、次長になれなければ、待ち受けているのは関連会社などへの出向や転籍だ。一般的に、出向・転籍すると年収は半額以下になるという（この年収などは非公開のため推計）。

ちなみに、役員になれるかどうかは、若いときの実績とは関係なく、次長になってからが勝負だといわれている。次長になってから業績を残したり、上層部に上手に自分を売り込むことができたりした人に役員への道は開けてくる。つまり、若いときにあまり目立った活躍ができていなくても、なんとか次長にさえなれれば、そこから巻き返すこともできるということだ。

過酷な出世競争

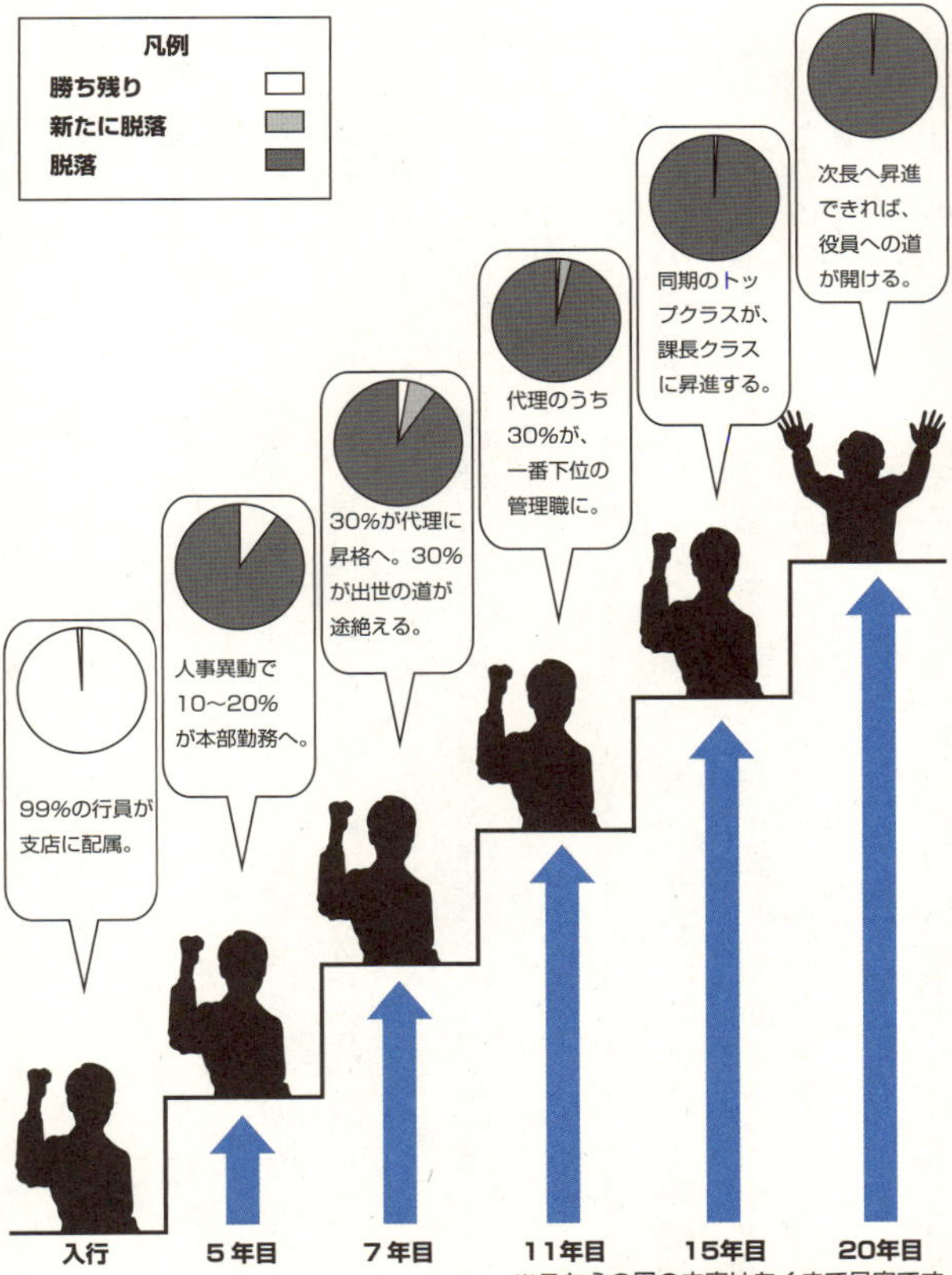
凡例
勝ち残り
新たに脱落
脱落
99%の行員が支店に配属。
人事異動で10～20%が本部勤務へ。
30%が代理に昇格へ。30%が出世の道が途絶える。
代理のうち30%が、一番下位の管理職に。
同期のトップクラスが、課長クラスに昇進する。
次長へ昇進できれば、役員への道が開ける。
入行
5年目
7年目
11年目
15年目
20年目

※こちらの図の内容はあくまで目安です。

もっとも、若いときにミスが多ければ、そもそも次長になることもない。やはり、それなりに優秀で、きちんと仕事をしてきているというのは大前提である。

各行に共通する役員への通過点

ところで、役員になるには企画部、人事部、秘書部へ配属されることが有利とされている。各銀行の現頭取の経歴を見てみると、みずほの藤原弘治氏、MUの小山田隆氏、SMの國部《くにべ》毅《たけし》氏は、全員そろって企画部に在籍していた過去がある。また、MUの前頭取であり、現在、取締役会長を務めている平野信行氏も、企画部長や総合企画室長などを歴任した経歴の持ち主だ。

それから、もうひとつ。今後の出世街道としては、グローバルな競争に対応するための豊富な国際経験も有利に働いていくかもしれない。先に名前を挙げた平野氏は、入行10年目でヨーロッパの現地法人に出向し、その後、ニューヨーク支店の副支店長も務めている。2017年4月にSMの頭取に就任した高島誠氏も、やはりキャリアの大半は国際畑を歩んできた。

実際、グローバル化に対応できるエリートを、採用の時点で選別しているメガバンクもある。

たとえば、みずほフィナンシャルグループでは、一般のオープン募集とは別に、グローバル・コーポレート・ファイナンスコース（GCFコース）やグローバルマーケッツ＆アセットマネジメントコース（GM＆AMコース）といった特定コースの募集も行なっている。どちらも名前からわかるように、グローバル化に対応できる人材を求めるものだ。

MUにも、同様の特定コースがあり、こちらはグローバルCIBという名称だ。応募資格に、TOEIC900点以上とあることからもわかるように、英語が堪能な人材が求められている。なお、応募者には、「英語を中心とした高い語学力を有し、国際業務の分野で、高度なファイナンス知識、投資銀行スキル、マーケットスキルなどの専門性を身につけ、活躍することを期待」と、かなりハードルの高い要求をしている。

ただでさえ、入るのが難しいメガバンクだが、これらの特定コースで採用されるのは、さらに難関となっている。だが、これに採用されれば、総合職での採用よりも同期との出世競争で一歩も二歩もリードできるという。

忙しい銀行員の気になる勤務時間と休日

残業あり？ 休日出勤あり？ 表からは見えてこない勤務の実態とは。

近年の日本では、長時間労働や多すぎる残業などが生産性の低さにつながっているとよく指摘される。過労死も大きな社会問題となっている。それでは、ハードな仕事として知られる銀行員の勤務時間や残業の実態はどうなっているのだろうか。休みはしっかり取れるのだろうか。

まず、三大銀行の採用時の条件は各行とも、勤務時間は8時40分～17時10分、休日・休暇は、完全週休2日制、祝日、年末年始、有給休暇などとなっている。勤務時間がそろって8時40分からとなっているのは、ATMが無料で使えるようになる時刻が各行とも8時45分のためだ。

銀行の窓口業務は15時には終わる。だが、そのあと支店の行員たちには、「勘定合わせ」という仕事が待っている。これは、その支店が当日取り扱った現金や小切手などの残高や出入りを、きちんと1円に至るまで確認する作業のことである。

たとえば、窓口の行員が1000円の出金を、間違って1000円と伝票に記帳してしまうと、窓口を閉めたあと、銀行に実際に残っている金額と伝票上の金額が合わなくなる。その場合、行員は計算が合わなくなった原因を突き止めるまで、仕事を終えることができないのだ。つまり、退社時刻の17時10分を過ぎても原因がわからなければ残業ということになる。

以前は勘定が合わないと、支店の全員で調べていたが、現在は問題の発生した窓口の行員と、その上司など少人数で調べるようになっている。そのため、支店全員で残業ということはなくなったが、それでも勘定合わせは、行員にとって恐怖の時間であることに変わりはない。

休日に関しては、どこも完全週休2日制をうたっているが、役職や担当業務によっては、週末の接待ゴルフや休日を使っての遠距離出張もよくあるため、実際に行員全員が毎週2日間ちゃんと休めているわけではない。また、支店で不正が行なわれていないか本部が調べに来たり、日銀や金融庁が調査に来たりするなど、銀行では頻繁に検査が実施されている。大事なお金を扱っているのだから当然なことではあるが、この検査の前になると、行員たちは必要な書類をそろえるなどの準備に追われ、残業や休日出勤が増えるという。

残業を減らすための各行の取り組み

もちろん、各行とも残業などによる社員の負担を減らそうという努力はしている。たとえば、MUでは、「働き方改革2・0」というプロジェクトを立ち上げ、在宅勤務制度や、本人の希望で就業時刻を調整できる「セレクト時差勤務制度」、各人が退社予定時刻を掲示し見える化する「マイ・スタイル」などに取り組んでいる。

SMでも、2016年から在宅勤務制度を導入。これは、全社員の3分の2にあたる約1万8000人が対象になる大規模なものだ。

みずほも、会社がタブレット端末などを提供する在宅勤務制度を推進。さらに、フレックスタイム勤務や時差勤務のほか、全社一斉の定時退社週間（リフレッシュサマー、リフレッシュウィンター）の設定、本社ビルの定時一斉消灯などを実施することで労働時間の削減を目指している。

在宅勤務の増加などで負担が減るか、その成果は今後見えてくるだろう。

三行の勤務規定と勤務対策

	三菱東京UFJ銀行	三井住友銀行	みずほ銀行
勤務時間	8時40分～17時10分		
休日・休暇	完全週休2日制、祝日、年末年始、有給休暇など		
勤務対策	・在宅勤務制度 ・セレクト時差勤務制度 ・マイ・スタイル ほか	・在宅勤務制度 ・週1回の早帰り日 ほか	・在宅勤務制度 ・フレックスタイム勤務や時差勤務 ・全社一斉の定時退社週間の設定 ・本社ビルの定時一斉消灯を実施 ほか

※各行のHPを参考にして作成。

世間と比べた年収と勤続年数の関係は？

高給取りとみなされているメガバンクの行員。果たして、いくらもらっているのか!?

銀行員には高給取りというイメージがあるが、実態はどうだろうか。2016年3月期の有価証券報告書によれば、MUの従業員の平均年収は787万3000円。SMは830万1000円。みずほは757万8000円となっている。

同年度の民間企業の従業員の平均年収が約420万円なので、三大銀行の行員は、平均よりも300万円以上も高い給与をもらっていることになる。また、現在は労働者の約4割を占めている非正規雇用の平均年収は約170万円なので、それと比べると4倍以上だ。高給取りのイメージは間違っていない。

実際、転職サイトのDODAによれば、2016年の平均年収が高い職業ランキングの1位は「投資銀行業務」の777万円だ。2位は「運用（ファンドマネジャー／ディーラー／アナリスト）」の773万円、3位は「MR（医薬情報担当者）」の

710万円である。

ちなみに、三大銀行同士の給与を比較すると、一番高給なのはSMで、次いでMU、みずほの順番である。ただ、近年MUの平均年収は下がり続けており、反対にみずほは上がり続けている。そのうちに、みずほがMU、SMを抜き、1位になるかもしれない。

ともあれ、三大銀行の給与が恵まれているのは事実で、そう簡単には辞められないだろう。先と同じく2016年3月期の有価証券報告書によれば、MU従業員の平均勤続年数は14・5年、SMは13・4年、みずほが14・4年である。内閣府の2010年の調査によれば、日本の雇用者全体の平均勤続年数は11・1年なので、やはり給与のよさは捨てがたいようだ。ただし、高給の割には離職率が高いといえる。それだけ過酷な仕事内容であり、社内の競争も激しいということだろう。

最後に、従業員の平均年齢を見てみると、MUは37・8歳、SMは36・6歳、みずほは37・8歳だ。雇用者全体の平均年齢は40・8歳なので、他業種と比べたとき、三大銀行は比較的若い年齢構成となっている。これは毎年ちゃんと新卒採用をしているということであり、業種としてはやはり安定している証拠である。

役員報酬は高いのか、安いのか？

エリート中のエリートともいうべきメガバンクの役員。その報酬はいくらなのか!?

三大銀行の従業員の平均年収は800万円前後あり、一般民間企業の平均年収の倍近くあることは192ページでふれたとおりだ。それでは、そんな三大銀行の役員報酬はいくらぐらいなのだろう。

MUの場合、会長、頭取、専務、常務などを含めた社内取締役の、2016年の役員報酬は平均5136万円となっている。同年度のSMの役員報酬は平均3937万円、みずほは平均3181万円だ。比べてみると、MUが断然高い。それでも、三行とも3000万円を超えている。ちなみに、2016年は各行とも軒並み役員報酬がダウンしており、前年の2015年は、MUが7417万円、SMが6100万円、みずほが4663万円であった。

2015年のほかの企業の役員報酬の平均は約3200万円。さすがに三大銀行の役員ともなると、相場よりも高い報酬をもらっている。

役員報酬をもらえるのは社内取締役だけではない。監査役や社外役員もその対象となる。

2016年のそれらの人々の報酬をみてみると、MUは社内監査役が平均3766万円、社外取締役が平均1333万円、社外監査役が平均2425万円であった。SMは監査役が1440万円、社外役員が661万円。みずほは監査役が2533万円、社外役員が1200万円だ。ここでもMUの役員報酬がズバ抜けて高い。MUは役員全般に手厚い企業ということができるだろう。

一方、SMは社内取締役への報酬は高いが、それ以外の役員報酬は低く抑えられている。それでも、基本的には普通のビジネスパーソンからすると夢のような額だ。

とはいえ、日本には日産自動車社長兼CEOだったカルロス・ゴーン氏のように、10億円以上もの報酬をもらっている役員もいる。さらに、世界に目を向けてみると、グーグルのCEOであるサンダー・ピチャイ氏の2016年の報酬は約210億円だ。これらと比べれば、三大銀行の役員報酬は多いとも思えなくなるから不思議なものだ。

やっぱり恵まれている？手厚い福利厚生

一般企業に比べて手厚い福利厚生。とくに子育て支援が充実している。

日本を代表する大企業だけあって、三大銀行の福利厚生はどこも充実している。各種保険の完備や住宅手当などはもちろん、銀行という職種の特色を活かして、社員向けの財形貯蓄制度や住宅資金貸付制度なども豊富に用意されているのだ。

そんななかでも、各行が力を入れているのが社員の子育て支援だ。たとえばSMでは、育児休業制度はもちろんのこととして、小学6年生の3月末までの子どもが病気や怪我をした際、看護のための特別休暇が認められる「看護休暇制度」や、子どもを養育する従業員が、育児のために勤務時間を短縮できる「短時間勤務制度」、保育所、親戚宅などへの送迎のため、迂回経路で通勤する場合の通勤交通費を支給する制度などがそろっている。

MUにも、子育てに伴う短時間勤務制度、産前産後休業制度、育児費用補助制度などがある。また、子育てとは直接は関係ないが、MUには結婚後でも届け出をすれば、そのまま旧姓をビジネスネームとして利用可能な制度もある。結婚後も名前を変えずに仕事を続けたい女性にはうれしい制度だろう。

一方、みずほにも、事業所内保育所やベビーシッター育児支援割引制度などが整っている。

厚生労働省は、社員の子育て支援に力を入れている企業に対して「くるみんマーク」という認定をしており、みずほは、この「くるみんマーク」を受けた日本全国2634社（2016年）のうちの1社となっている。さらに、MUとSMは、より高い水準で仕事と育児の両立支援の取り組みが進んでいる企業だけが取得できる「プラチナくるみん」の認定を受けている。「プラチナくるみん」の認定をされた企業は、108社しかない（2016年）。

そのほか、多くの店舗に食堂が完備されているのも三大銀行の特徴だろう。安価においしい昼食が取れるというのも、社員には助かる福利厚生である。ただし、ここまで見てきたような充実した福利厚生をすべて享受できるのは正社員だけで、非正規社員には適応されない制度が多いのも一面の事実だ。

女性が活躍できるためのさまざまな取り組み

女性の活用に力を入れる各行。その取り組みと成果、そして今後の課題とは。

労働人口が減り続けている日本において、女性のいっそうの活躍が今後の経済を支える鍵だといわれている。そこで、三大銀行における女性行員の活躍具合を比べてみた。

2016年の時点で、MUの総合職における女性の割合は43%、SMは29・6%、みずほは33・3%となっている。日本の大企業の女性正社員の割合は2割程度といわれているので、それと比べると、三大銀行の女性比率は高いほうといえるだろう。契約社員や派遣社員なども含めれば、銀行で働く女性の比率はさらに上がる。

実際、各行とも数値目標などを掲げながら、女性の活躍には積極的に取り組んでいる。そして、MUは2014年、女性管理職が着実に増加していることや、産休・育休の促進などが評価され、経済産業省から「ダイバーシティ経営企業100選」

に選定された。また、MUFG全体も、経済産業省と東京証券取引所が女性活躍推進に優れた企業を選定する「なでしこ銘柄」に選出されている。

SMも、2014年に女性の活躍推進や働き方の見直しなどをテーマにした「ダイバーシティ推進委員会」を設置。2020年度末までに女性管理職比率を20％以上とするという目標を掲げている。その結果、2016年には、女性活躍推進法に基づいて厚生労働省が認定する「えるぼし」の3段階中、2段階目を取得した。

みずほは、必要な人材の積極的活用や基幹職における新卒採用の女性比率30％程度を目指す「Recruit」、公平公正な評価の徹底や女性管理職比率目標を定め、登用を推進する「Raise」、出産・育児にかかわる障壁最小化のためのワーク・ライフ・バランス制度の拡充をはかる「Retain」、組織全体の意識改革推進「Relate」という「4つのR」の基本方針を制定した。

この取り組みが評価され、MUおよびMUFGと同様、みずほも「ダイバーシティ経営企業100選」と「なでしこ銘柄」に選定されている。

このように、三大銀行は、女性が働きやすい職場づくりに力を入れているのだ。ただし、課題も抱えている。

男性の育休取得率と女性管理職が課題

課題のひとつは、男性社員の育児休暇の取得率のアップだ。MUは女性総合職の98%が育休を取得しているのに対し、男性は42%に過ぎない。SMも女性は96・6%だが、男性は64・2%。みずほ（みずほフィナンシャルグループとして）は、女性が92・6%であるのに対し、会社として男性育児休業取得率100%を目標に掲げながら、実際には0・4%しか取得していないのだ。

もうひとつは、管理職に占める女性の割合の低さだ。MUは11・6%、SMは13・0%、みずほは8・6%と、まだまだ低いといわざるを得ない。女性役員の割合になるとさらに数値は下がり、MUは0%、SMは4・2%、みずほは1・3%という体たらくだ。

各々が掲げる目標達成のため、これからも女性が活躍する職場づくりのための試みが展開されていく必要がある。

女性行員に関する三行のさまざまな割合

女性行員の割合（総合職）

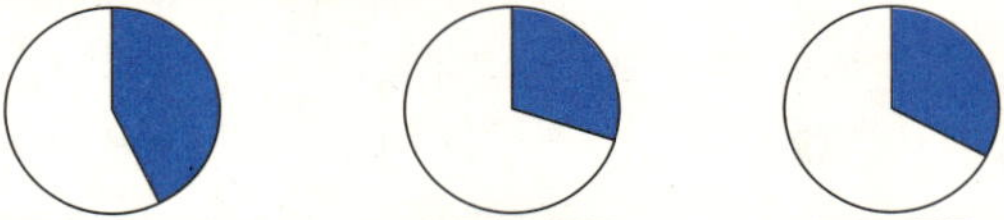

三菱東京ＵＦＪ銀行 43.0%　三井住友銀行 29.6%　みずほ銀行 33.3%

女性行員の育児休暇の取得率（総合職）

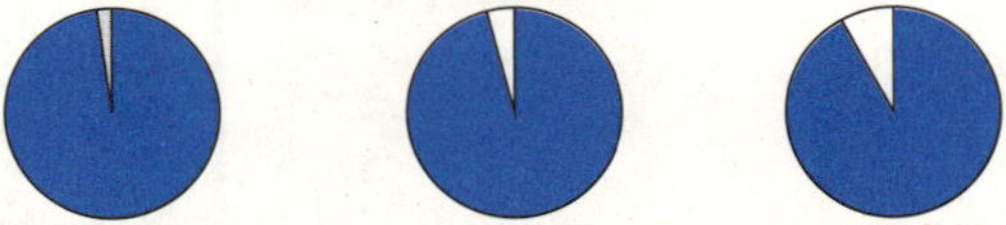

三菱東京ＵＦＪ銀行 98.0%　三井住友銀行 96.6%　みずほ銀行 92.6%

管理職に占める女性の割合

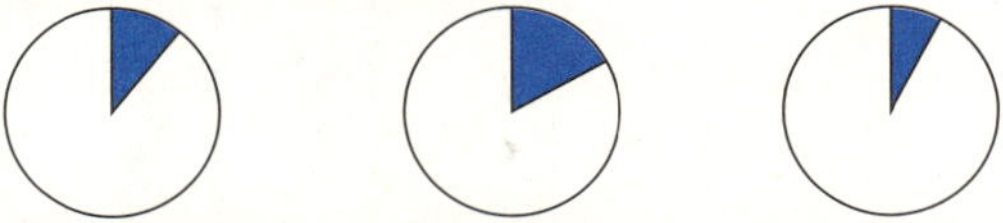

三菱東京ＵＦＪ銀行 11.6%　三井住友銀行 13.0%　みずほ銀行 8.6%

女性役員の割合

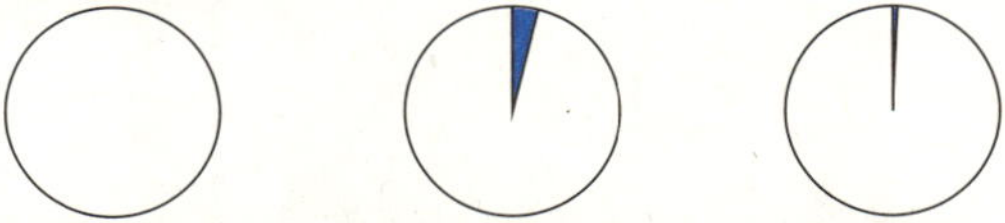

三菱東京ＵＦＪ銀行 0%　三井住友銀行 4.2%　みずほ銀行 1.3%

※厚生労働省の女性の活躍推進企業データベースを参考に作成。

株式の大量保有から見たあの有名企業との関係

三大銀行が株式を大量保有する企業をみると、意外な関係が浮かび上がる。

銀行は顧客から集めた資産の運用先として、また会社自体の資産としてさまざまな企業の株式を保有している。三大銀行もそれぞれ数多くの企業の株式を保有している。

現在、MUが株式を大量に保有している企業は、信販会社のジャックスの20・0％、東海旅客鉄道（JR東海）の6・7％、カブドットコム証券の6・21％、三菱UFJリースの6・08％、久光製薬の5・57％、電気機器メーカーのコニカミノルタの4・92％などである。

このうち、名前を見ればすぐわかるように、三菱UFJリースはMUの母体であるMUFGの系列企業だ。ジャックスとカブドットコム証券もMUFGの系列企業である。そういう意味で、これらの企業の株式をMUが大量保有しているのは自然なことだといえる。

ＪＲ東海や久光製薬はＭＵＦＧと直接関係のある企業ではないが、一見、何の関係もなさそうなコニカミノルタとＭＵには、じつは深い結びつきがある。コニカミノルタは、「みどり会」という企業グループに所属している。この会は、ＭＵの前身のひとつである旧三和銀行の取引先企業の集まりなのだ。つまり、三和銀行時代からの長いつき合いということになる。それゆえ、現在もＭＵは株式を大量保有しているのだろう。

ＳＭが株式を大量に保有している企業は、クレジットカード会社であるポケットカードの35・03％、コンピュータ・システム関連企業のさくらケーシーエスの28・52％、鉱業事業を展開する住石ホールディングスの12・82％、三重銀行（２０１８年に第三銀行と経営統合の予定）の５・76％などだ。

ポケットカードとさくらケーシーエスはＳＭＦＧのグループ企業であり、住石ホールディングスはその名のとおり、住友グループの企業だ。身内でガッチリ固めているのが、ＳＭの特徴のひとつといえるだろう。関西に拠点を置く企業が多いのは、早くから東京に拠点を置いた三井、三菱とは違い、大阪に強固な地盤を持つ住友グループの影響かもしれない。

みずほが株式を大量に保有している企業は、信販会社のオリエントコーポレーションの45・01%、千葉興業銀行の13・02%、東海旅客鉄道（ＪＲ東海）の6・63%、資生堂の5・88%、洗剤や石鹸を製造しているライオンの5・45%などだ。業種が多岐にわたっているのが、みずほの特徴だ。

このうち、オリコの通称で知られているオリエントコーポレーションは、みずほの前身のひとつである第一勧銀との結びつきが強かった企業のひとつだ。そのため、現在はみずほＦＧが同社の筆頭株主になっており、みずほのＡＴＭの使用可能クレジットカードの一覧では、ほかのカード会社よりもオリコカードが大きく表記されている。

千葉興業銀行は、みずほの前身のひとつである富士銀が中核となっていた企業グループである芙蓉《ふよう》グループに参加していた。その縁から、みずほが株式を大量に保有しているのだろう。

三行が大株主である主な企業

三菱東京ＵＦＪ銀行

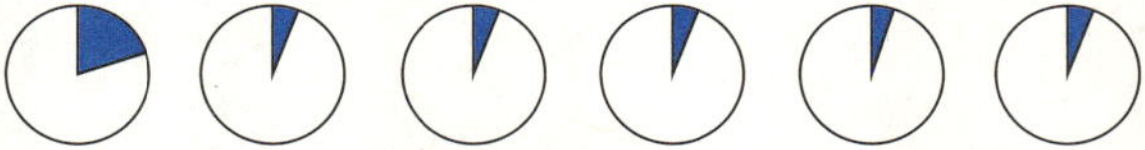

- ジャックス 20.0%
- カブドットコム証券 6.21%
- 東海旅客鉄道（JR東海） 6.7%
- 三菱UFJリース 6.08%
- 久光製薬 5.57%
- コニカミノルタ 4.92%

三井住友銀行

- ポケットカード 35.03%
- さくらケーシーエス 28.52%
- 住石ホールディングス 12.82%
- 三重銀行 5.76%

みずほ銀行

- オリエントコーポレーション 45.01%
- 千葉興業銀行 13.02%
- 東海旅客鉄道（JR東海） 6.63%
- 資生堂 5.88%
- ライオン 5.45%

※2017年4月時点までの大量保有報告書を元に作成。

元行員だった!? 誰もが知っている有名人

作家あり、実業家あり、政治家あり、俳優ありの、それぞれの第二の人生。

エリートである銀行員たちも、厳しい出世競争に敗れると、40代ぐらいで出向や転籍といった過酷な運命が待ち構えている。それでも、会社にしがみつくことはできるが、その前に敢然と銀行から離れ、第二の人生を歩む人たちもいる。

そんな第二の人生では、行員時代に取得した中小企業診断士や宅地建物取引士の資格などを活かして再就職をする者が多いが、なかには起業したり、まったく違う分野に飛び込んで成功を収めた人たちも少なくない。

元行員として有名なのは、「半沢直樹」シリーズや『下町ロケット』の大ヒットで知られる作家の池井戸潤氏だろう。池井戸氏はMUの前身のひとつである三菱銀行に入行したが、32歳のときに退職。その後、コンサルタント業やビジネス書の執筆、税理士・会計士向けのソフトの監修などを経て、作家デビューした。それから、タリーズコーヒージャパンの創業者で、参議院議員も経験した松田公太氏も、MUの前身のひとつである三和銀行の出身だ。松田氏は入行当時から、いずれ会社を離れ、起業するつもりだったという。

起業でいえば、楽天の創業者である三木谷浩史氏は、みずほの前身のひとつである興銀の出身だ。入行後にハーバード大学に留学し、経営学修士（MBA）を取得したが、そのころから起業を意識するようになったという。そして、30歳で退職し、楽天を創業した。『フォーブス ジャパン』の2017年の日本長者番付によると、総資産約6770億円で5位にランクインしているので、離職して大成功だったことは間違いない。

SM出身の有名人としては、政治家の石破茂氏がいる。石破氏はSMの前身のひとつである三井銀行に入行したが、政治家だった父の死が転機となり、政界入りした。政治家になってからは、防衛大臣や農林水産大臣、地方創生担当大臣などを歴任しているので、こちらも大成功と言えるだろう。

意外なところでは、俳優の竹内力氏は芸能界デビュー前に三和銀行・淡路支店に勤めていた。現在の強面イメージからは銀行員だったことが想像つかない……。

三大銀行を比較⑲

足並みがそろった気になる預金利

0・01%か0・001%。ふたつの選択肢しか私たちには用意されていない。

昔と比べて、預金金利が極端に低いことは周知の事実だが、改めて各行の金利をみてみると、そのあまりの低さに愕然とする。MU、SM、みずほの普通預金の金利はそろって年0・001%。100万円預けて、1年間に10円しかつかない計算だ。時間外にお金を引き出したり、他行に振り込んだりしたら、その手数料だけで利子などはあっという間に吹き飛んでしまう。

MUの「スーパー普通預金・段階金利型」やSMの「スーパー貯蓄預金」など、預金残高によって利率が上がることをうたう預金プランもある。だが、注意書きには「金融情勢によっては各段階の利率が同水準になる場合があります」と書かれており、現在の金利は、預金残高が10万円でも1000万円でも、普通預金と同じ年0・001%となっている。よほど大きく経済状況が変わらない限り、金利が上がることはないので、預金プランとしては、ほぼ無意味なものとなっている。

ならば、簡単には引き出せない定期預金はどうだろうか。三大銀行はそれぞれ、「スーパー定期」や「期日指定定期預金」「スーパー定期300」「据置型定期預金」「変動金利定期預金」など、さまざまな定期預金のプランを用意している。それらの利率は、さすがに各行とも普通預金よりは高い。しかし、どの定期預金の利率も、現在、すべて年0・01％なのだ。何年預けようと、どれだけ大金を預けようと、利率は同じ年0・01％だ……。

普通預金の金利の10倍というとすごいようだが、100万円預けて1年間に100円つくだけである。こちらも1回の手数料で吹き飛ぶのは同じだ。変動金利型の定期なら金利が上がる可能性もゼロではないが、あまり期待薄だろう。

ひと昔前は、ある程度の貯金があれば、その利子で食べていくのも不可能ではなかったが、現在は夢のような話だ。預金したときに、銀行に預かり賃を取られないだけマシと考えたほうがいいのかもしれない。いくら金利が安くても、家に置いておくよりは銀行に預けたほうが、安全であることは確かだが。

振込手数料とATMの時間外手数料

「ちりも積もれば山となる」、バカにならない各種手数料。上手に節約する方法は?

家賃の支払いや通販での買い物、あるいは水道工事の手間賃など、銀行で振込みをする機会はそれなりにあるものだ。そして振込みをする際、当然だが手数料がかかる。手数料はせいぜい数百円なので気にしないという人もいるかもしれないが、預金の利率が極端に低い昨今にあっては、わずかな金額といえども手数料だってバカにならない。

そこで、各行の振込手数料を比較してみた。まず、どの銀行でも、たいてい振込みが3万円未満か3万円以上かで手数料が変わることは共通している。

MUの場合、窓口で振り込んだときの手数料は、次の通りだ。3万円未満で、MU同士なら324円、他行宛だと648円。3万円以上になると、MU同士で540円、他行宛で864円となっている。

三行の振込手数料

			三菱東京UFJ銀行	三井住友銀行	みずほ銀行
3万円未満	窓口	自行宛	324円	216円（同支店） 324円（他支店）	216円（同支店） 324円（他支店）
		他行宛	648円	648円	648円
	ATM（カード使用時）	自行宛	無料（同支店） 108円（他支店）	無料（同支店） 108円（他支店）	無料（同支店） 108円（他支店）
		他行宛	270円	216円	216円
3万円以上	窓口	自行宛	540円	432円（同支店） 540円（他支店）	432円（同支店） 540円（他支店）
		他行宛	864円	864円	864円
	ATM（カード使用時）	自行宛	無料（同支店） 108円（他支店）	無料（同支店） 108円（他支店）	無料（同支店） 216円（他支店）
		他行宛	432円	432円	432円

ＡＴＭを使いカードで振り込んだ場合、ＭＵ同一支店宛なら無料、ＭＵ他店なら108円というのは３万円未満でも以上でも変わらないが、他行宛の場合、３万円未満なら270円、３万円以上なら432円となっている。

同じＡＴＭでも現金で振り込んだ場合は手数料が変わり、ＭＵ同士なら３万円未満だと216円、３万円以上だと432円。他行宛なら、３万円未満が432円、３万円以上が648円となっている。

ＳＭは、窓口で振り込むと、３万円未満の場合なら、同一店宛が216円、同一行他支店宛が324円、他行宛が648円。３万円以上なら、同一店宛が432円、同一行他支店宛が540円、他行宛が864円となっている。

ＳＭでＡＴＭを使いカードで振り込むと、３万円未満でも以上でも、同一店宛は無料、同一行他支店宛は108円であるのは同じだが、他行宛に関しては、３万円未満なら216円、３万円以上なら432円となる。

ＡＴＭを使い現金で振り込んだ場合、３万円未満で、同一店と同一行他支店宛なら216円、他行宛だと432円。３万円以上で、同一店と同一行他支店宛なら432円、他行宛なら648円だ。

みずほは、窓口で振り込むと、3万円未満なら、同一店宛が216円、同一行他支店宛が324円、他行宛が648円。3万円以上なら、同一店宛が432円、同一行他支店宛が540円、他行宛が864円となっている。

ATMを使いカードで振り込むと、3万円未満なら、同一店宛は無料、同一行他支店宛は108円、他行宛が216円。3万円以上なら、同一店宛は無料、同一行他支店宛は216円、他行宛が432円となる。

これが現金でATMを使って振り込むと、3万円未満なら、同一店と同行他支店宛は108円、他行宛は432円。3万円以上なら、同一店と同行他支店宛は324円、他行宛は648円となっている。

各行とも振込手数料にそこまで大きな違いがあるわけではないが、微妙な差がないわけではない。

たとえば、ATMを使いカードで同一行他支店に振り込んだ場合、3万円未満でも以上でもMUとSMは手数料が108円だが、みずほだけ、3万円以上だと216円になっている。ちなみに、ここで紹介したATMのカードでの振込手数料は、個人顧客のもので、法人はまた別の料金体系となっている。

サービスを活用すれば手数料は無料に

もうひとつ気になるのは、時間外やコンビニATMなどでお金を下ろしたときの手数料だろう。この場合、108円ないしは216円の手数料が取られる。

1回の手数料は大したことはないが、頻繁にお金を下ろすことの多い人にとっては、月単位だとかなりの出費になる。だが、各行のさまざまなサービスプランを上手に利用すれば、いつどこでお金を下ろしても手数料を無料にすることができる。

たとえばMUの場合、口座をスーパー普通預金（メインバンクプラス）にし、ネットバンクである三菱東京UFJダイレクトを契約。そのうえで、預金残高が10万円、またはEco通帳（インターネット通帳）であれば、MUの利用手数料が何回でも無料になる。また、預金残高が30万円以上（または月10万円以上の給与の受け取り）であれば、提携先コンビニATM（セブン銀行、ローソン、イーネット）の利用手数料も月3回まで無料だ。

SMにも、口座を開設し、ネットバンク（SMBCダイレクト）の契約をすると、SMBCポイントパックに加入することができる。そして「給与振込」「残高合計

30万円以上」などの条件のいずれかを満たすと、時間外手数料が無料になり、コンビニATM（セブン銀行、ローソン、イーネット）および、ゆうちょ銀行のATM手数料が、月4回まで無料になる。

みずほにも、みずほマイレージクラブという同様のサービスがある。これに加入し、月末預金残高が30万円を超える、あるいは、みずほマイレージクラブを毎月利用するといった条件を満たせば、みずほとイオン銀行の時間外手数料が無料になる。さらに、コンビニATM（セブン銀行、ローソン、イーネット）の手数料も月4回まで無料となる。

ここで紹介した各行のサービスでは、振込手数料にも優遇措置があるので、三大銀行のいずれかを給与の振込先などのメインバンクにしている人は、窓口で相談してみるといいだろう。それぞれいくつかの加入条件はあるが、登録自体は無料で、そのほかのハードルも高くなく、手続きも面倒ではない。

これらのサービスを活用すれば、人によっては月に数千円浮かせることもできるかもしれない。少なくとも、1回分の昼食代ぐらいにはなるはずだ。手数料なんて大したことないと考えず、一度見直してみてはいかがだろう。

三大銀行

データファイル

会社概要

	三菱東京UFJ銀行	三井住友銀行	みずほ銀行
名称（英語表記）	The Bank of Tokyo-Mitsubishi UFJ, Ltd.	Sumitomo Mitsui Banking Corporation	Mizuho Bank, Ltd.
金融機関コード（銀行コード）	0005	0009	0001
設立年	1919年8月15日	1996年6月6日	2013年7月1日
従業員数	3万5214人	2万9495人	2万9452人

※三菱東京UFJ銀行は2015年3月末時点、三井住友銀行は2016年9月時点、みずほ銀行は2016年9月30日時点の各行HPを参考に作成。

資本金と総資産

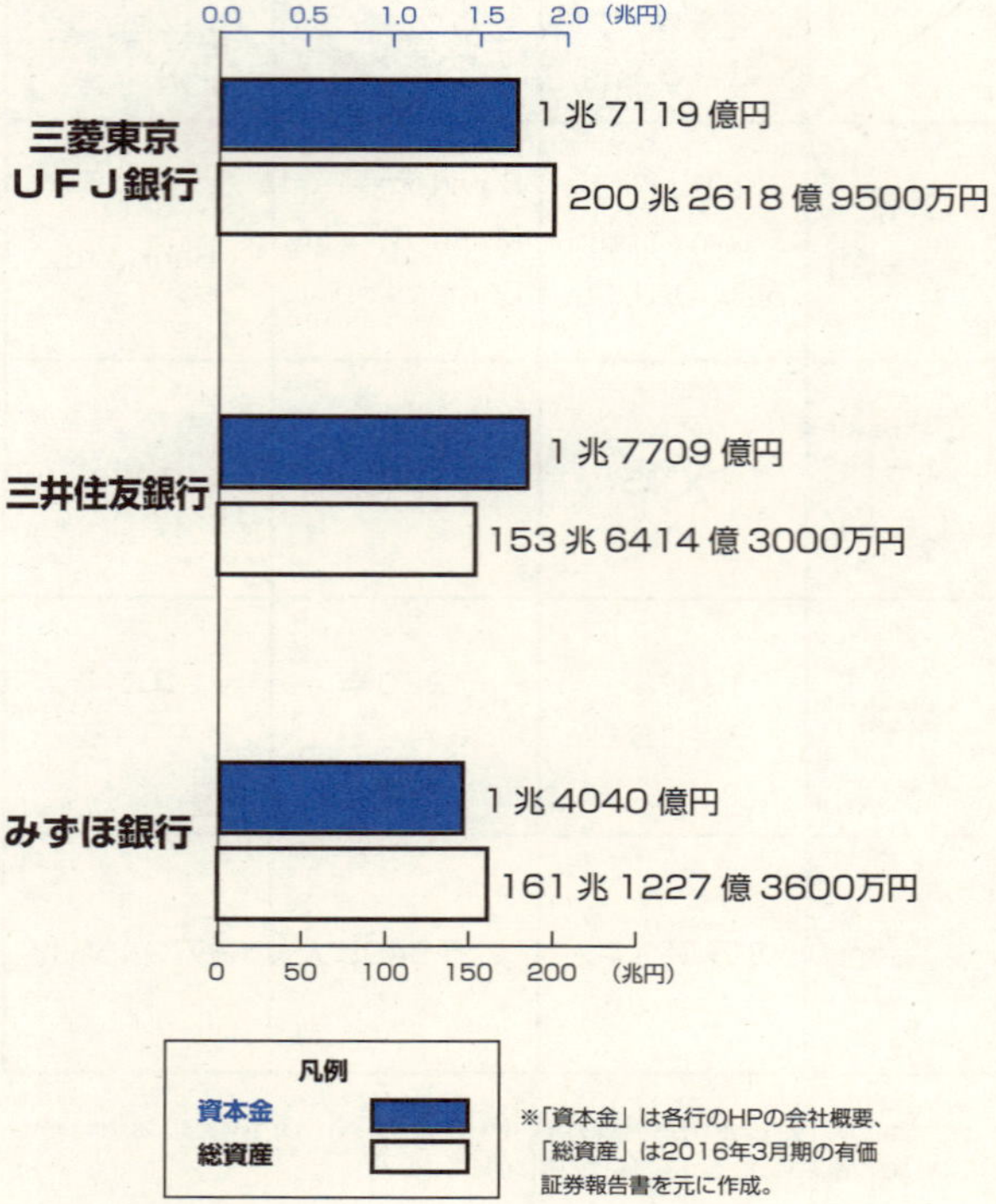

※「資本金」は各行のHPの会社概要、「総資産」は2016年3月期の有価証券報告書を元に作成。

国内支店数と海外拠点数

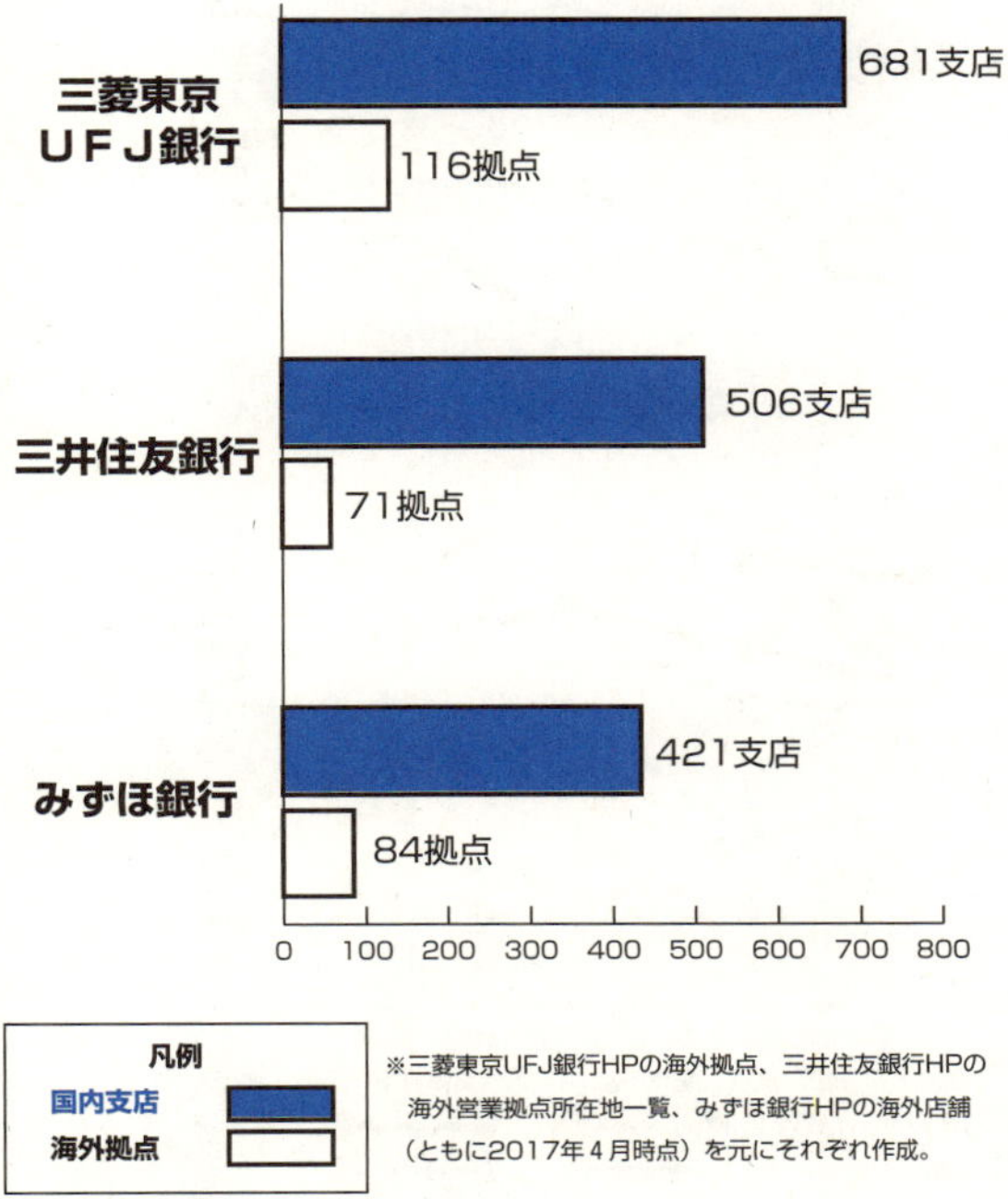

※三菱東京UFJ銀行HPの海外拠点、三井住友銀行HPの海外営業拠点所在地一覧、みずほ銀行HPの海外店舗（ともに2017年4月時点）を元にそれぞれ作成。

経常収益と経常利益

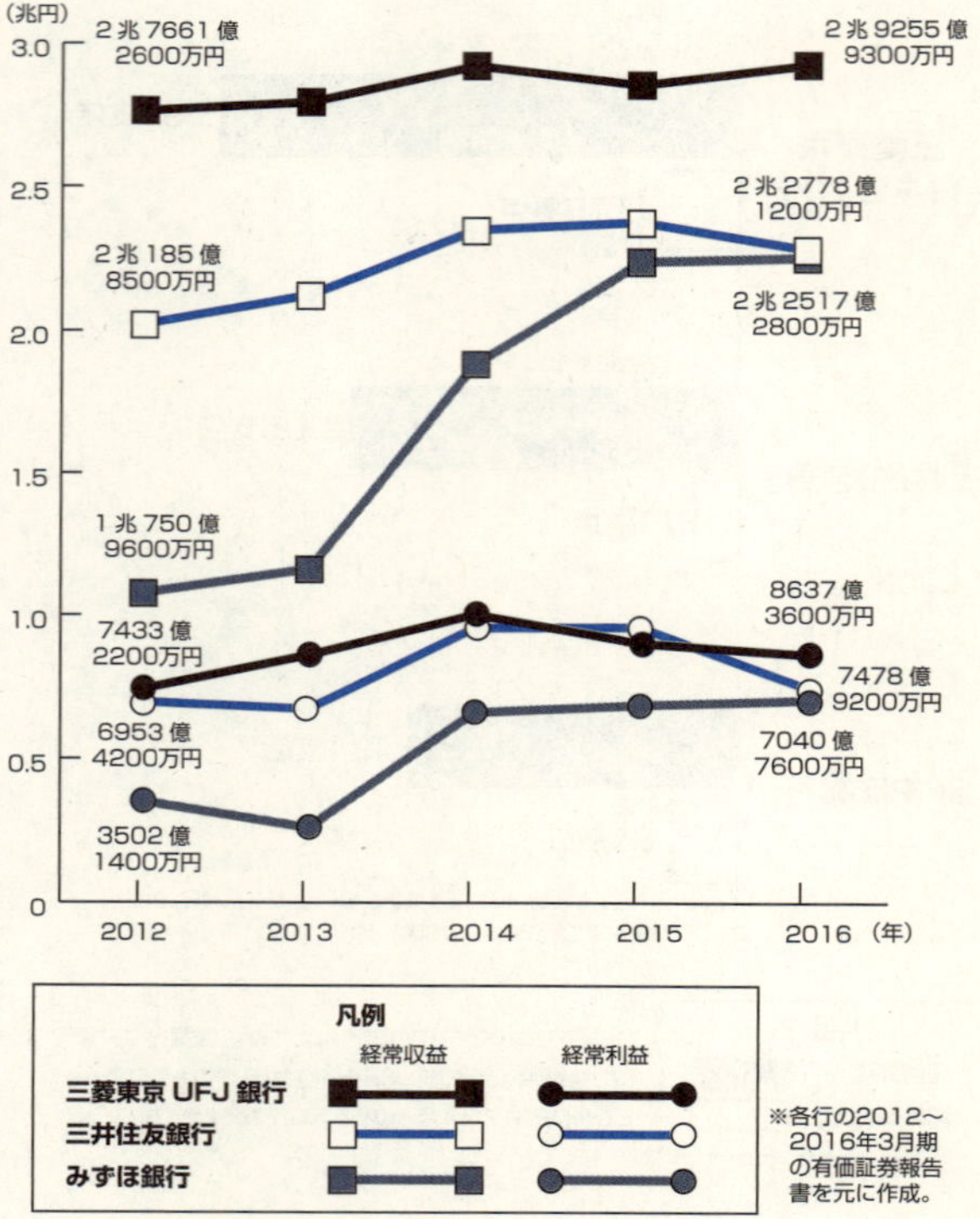

※各行の2012〜2016年3月期の有価証券報告書を元に作成。

平均年間給与

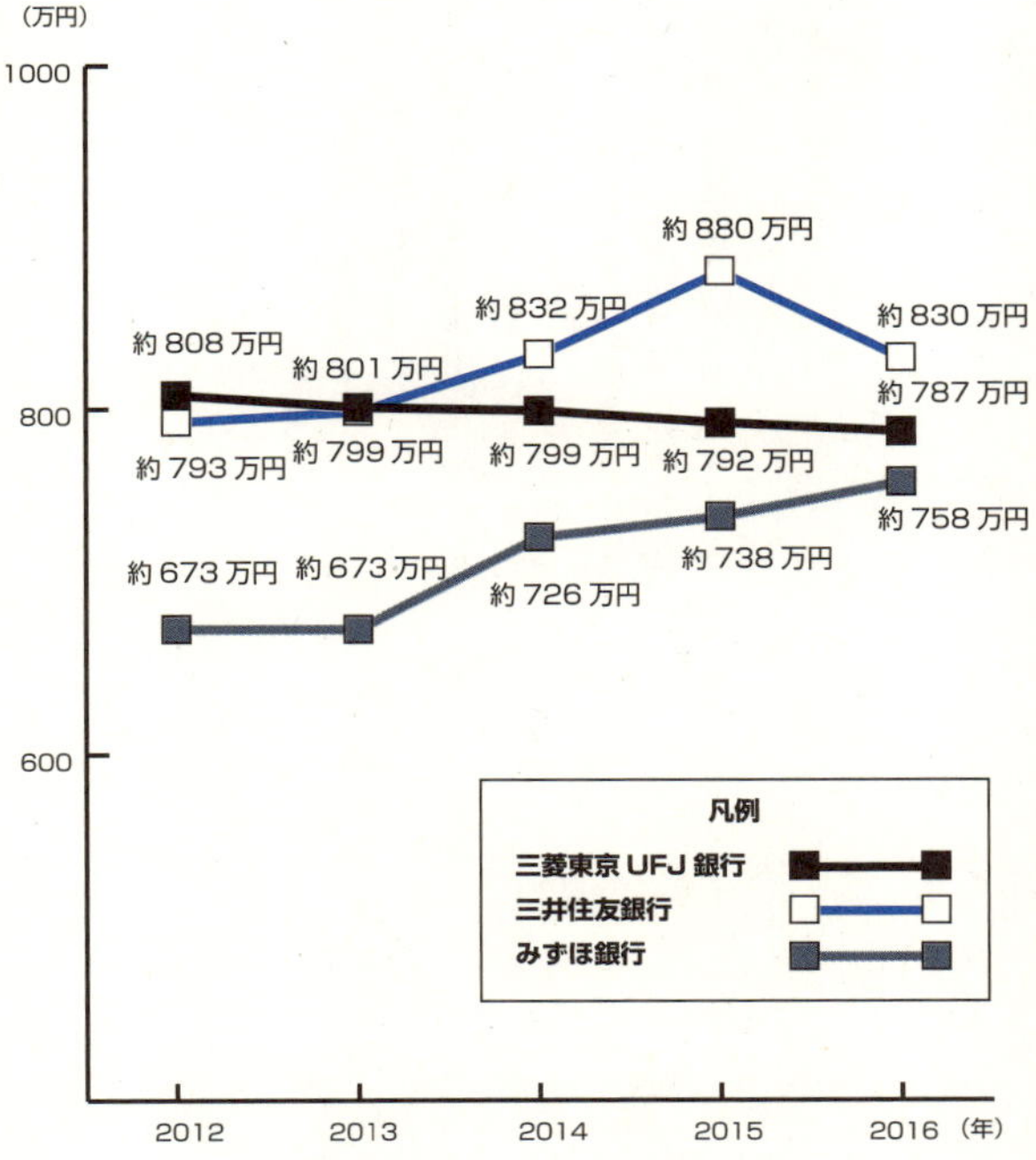

※各行の2012～2016年3月期の有価証券報告書を元に作成。

参考文献

『地方銀行消滅』津田倫男（朝日新書）
『大予想 銀行再編』津田倫男（平凡社新書）
『銀行のウラ側』津田倫男（朝日新書）
『銀行員のキミョーな世界』津田倫男（中公新書ラクレ）
『銀行員という生き方』津田倫男（宝島社新書）
『銀行員の分岐点』津田倫男（宝島社新書）
『大解剖 日本の銀行』津田倫男（平凡社新書）
『日本の三大銀行』奥村宏（七つ森書館）
『物語 財閥の歴史』中野明（祥伝社新書）
『図解 合併・再編でわかる日本の金融業界』菊地浩之（平凡社）
『UFJ三菱東京統合』日本経済新聞社編（日本経済新聞社）
『詳細日本史研究』佐藤信、高埜利彦、鳥海靖、五味文彦編（山川出版社）
『週刊ダイヤモンド 2015 5／2・9合併号』
『週刊ダイヤモンド 2016 9／3号』
『週刊ダイヤモンド 2016 4／2号』
『週刊ダイヤモンド 2016 1／30号』

そのほか、各行のHPや開示資料、関連HPなどを参照。

〈監修者紹介〉

津田 倫男（つだ みちお）

企業アドバイザー。（株）フレイムワーク・マネジメント代表。1957年生まれ。島根県松江市出身。一橋大学、スタンフォード大学ビジネススクール卒業。都銀、外銀での20年の勤務を経て、外資IT系企業のベンチャーキャピタル日本代表を務めたのち、2001年に独立し、戦略的提携、海外進出、人材開発等を助言している。著書に『地方銀行消滅』、『銀行のウラ側』（ともに朝日新書）、『銀行員のキミョーな世界』（中公新書ラクレ）、『大予想 銀行再編 地銀とメガバンクの明日』（平凡社新書）など、銀行関係のものが多数ある。

〈編集紹介〉

造事務所（ぞうじむしょ）

1985年に設立。編著となる書籍は年間40冊にのぼる。文化・歴史から、雑学・生活実用まで幅広いジャンルの単行本をはじめ、文庫・新書・ムックまでの編集を行なう。主なものに『「今」を読み解く 日本の地図帳』（大和書房）、『「確率」でわかる驚きのニッポン』（廣済堂出版）、『今を読み解く 経済用語がわかる事典』（大和書房）などがある。

中経の文庫

三菱東京UFJ・三井住友・みずほ
三大銀行がよくわかる本

2017年 5 月13日　初版発行

監修／津田倫男《つだみちお》

発行者／川金正法

発行／株式会社KADOKAWA
〒102-8177　東京都千代田区富士見2-13-3
電話 0570-002-301（ナビダイヤル）

印刷所／暁印刷

KADOKAWAカスタマーサポート
[電話] 0570-002-301（土日祝日を除く10時～17時）
[WEB] http://www.kadokawa.co.jp/（「お問い合わせ」へお進みください）
※製造不良品につきましては上記窓口にて承ります。
※記述・収録内容を超えるご質問にはお答えできない場合があります。
※サポートは日本国内に限らせていただきます。

定価はカバーに表示してあります。

ISBN 978-4-04-601991-2　C0130